建築の出自

長谷川堯　建築家論考集

鹿島出版会

本書は、武蔵野美術大学の出版助成を受けた出版である。

建築の出自

目次

あとがき——長谷川堯

建築と建築家を結ぶ目に見えぬ紐帯を探して

「告白」についての読み直し

論考——前川國男

まえかわ・くにお　1905～86

新潟県生まれ、東京育ち。1928年、東京帝国大学工学部建築学科卒業とともに、ル・コルビュジエに入門。帰国後A.レーモンド事務所を経て、1935年独立（現・前川建築設計事務所）。モダニズムの「闘将」として知られ昭和の建築界を牽引した。建築家の職能確立と人材育成、工業技術の実践といった功績でも知られる。

おもな作品に、日本相互銀行本店（1952）、神奈川県立図書館・音楽堂（1954）、晴海高層アパート（1958）、東京文化会館（1961）、国立国会図書館（1961、1986）、紀伊國屋書店（1947、1964）、埼玉県立博物館（1971）、東京海上ビルディング（1974）など。第1回日本建築学会賞大賞（1968）ほか受賞多数。

プロローグ

「親父がね、夜、うちに居ると、よく炬燵の中で、あぐらにぼくを腰掛けさせて、本を読んでくれたり、絵を描いてくれたんだね。汽車の絵とか、家の絵とか。『お前は大きくなったら、うちを建てる人にならないかなあ』って、まあ冗談半分に言ってたんだね。それがいつの間にか、そうなるのが当たり前のような気がしちゃって。」

「親父の暗示にかかったようなもんだね、言ってみれば。(1)」

炬燵に向かい胡坐をかいている父親の両脚の上に座っている、木綿絣の着物かなにかを着ていたかもしれない一人の男の子が、後の建築家、前川國男(一九〇五―一九八六)である。幼い彼を抱いている三十代半ばの父親が、前川貫一(一八七三―一九五五)。前川貫一は、内務省土木局の「技師」として、当時は新潟土木事務所にいて、信濃川改修工事などに携わっていたが、その長男として生まれた國男は、新潟の官舎での、寒い冬の夜の様子を、幼いなりに鮮明に記憶していると後に回想している。貫一は、一八九七(明治三十)年、東京帝国大学工科大学土木科を卒業した、今の言葉でいうまさしくキャリアのエンジニアであり、大学卒業後大阪に赴任し、そこで明治土木界の有力者の一人、沖野忠雄の下に入り、土木技術者としての道を歩み始める。(2)

土木界のエリート技師であった前川貫一が、何故幼い長男である國男に、土木技術者である自分の職業を直に継がせることを考えずに、「うち（家）を建てる人にならないかなあ」、と土木とはジャンルは近くても、基本的に異なる建築をやらないかと話しかけた理由については、國男は何も解説を加えていない。それについて一つ考えられるのは、前川貫一が土木局に入った時に直接の上司となったこの沖野忠雄には、生涯を通してきわめて親しい友人であった一人の卓越した建築家がいたことが、案外関係があったかもしれない。貫一が大阪に赴任したころ、その建築家は同じ大阪で自分自身の建築設計事務所を開設し、遺作となった兵庫県庁舎をはじめ、関西の銀行、事務所などの建築を数多く設計し、病弱にもかかわらず極めて多忙であった。その人こそ山口半六（一八六九―一九〇〇）である。山口は、今の島根県松江に幕末の安政五年に生まれ、やがて東京に出て大学南校に学ぶが、一八七六（明治九）年、文部省給費留学生としてフランスに留学し、そこで建築を専攻した。この山口と沖野は、ともに大学南校に学び、フランスへも同じ年に留学生として選ばれて一緒に行き、同じ「エコール・サントラル・デ・ザール・エ・マニュファクチュール」(3)という学校で、山口は建築、沖野は土木を専攻し、一八七九（明治十二）年、ともに同校を卒業した。つまり山口は、同じ明治十二年に、東京の工部大学校造家学科から、その第一期生として卒業し、後に明治建築界の指導的建築家として活躍した四人の建築家、辰野金吾、片山東熊、曾禰達蔵、佐立七次郎とともに、遠くパリの地で、「日本人として最初に大学教育を修了した建築家」の一人となったのである。フランスから帰国後、山口半六は「文部技師」となり、新設された東京の第一高等中学校（後の一高）から熊本の第五中（五高）までの、いわゆるナンバー・スクールのキャンパス計画と、そこに建設された校舎などのさまざまな教育施設の設計の総責任者の立場に立って腕を振るい、東大と建築学会を牛耳った辰野金吾とはまた別の形で、明治建築界を牽引した設計者の一人として、今では比較的よくその名を知られるようになってきている。肺結核を病み、一八九二（明治二五）年、文部省を辞め、おそらく沖野を頼って関西に下り、やがて大阪で独立して設計事務所を開き、一九〇〇（明治三三）年、四三歳の若さで惜しまれつつ他界した。(4)

これはあくまでも私の想像、推測の域を出ないものにすぎないが、前川貫一が、まだ幼かった長男、國男に対して、「お前は大きくなったら、うち（家）を建てる人にならないかなあ」と熱心に話しかけた背景には、彼が土木を専攻し、教育課程でいつも隣接する形で建築があったということの他に、もしかしたら、貫一が新潟に赴任する前に関西各地で目撃したに違いない、山口半六の建築家としての活躍や、彼の晩年の充実した建築デザインが、直接、間接に影響していたかもしれない、などと考えたからである。「日本における最初の建築家」の一人、山口半六と、「日本における最初の近代建築家」と呼ばれてきた前川國男の間を結ぶ線を、仮にでも引くことができるとしたら、それはきわめて興味深いことではある。そう考えてくると、山口が松江、前川が新潟という、同じ日本海沿岸の地に出生地があったことや、フランス・パリが二人の海外における主要な勉学の場所であったといった共通点とはまた別に、二人の建築設計上の作風にも、少なからず共通するものがあるようにも思えるが、しかしそれはまた別の機会に譲り、ここらで話を本題に戻さねばならない。

前川國男は、一九〇九（明治四二）年、父親に本省へ戻る辞令が出たために両親とともに出生地新潟を離れ、東京に移り住んだ。まもなく本郷に移り住み、その家から真砂小学校に通い、府立第一中学校から、さらに山口半六が設計した校舎とキャンパスが大震災前の一年間だけ残っていた本郷の第一高等学校へと順調に進学コースを進み、父親貫一の期待に見事に応える形で、父と同じ東京帝国大学工学部建築科に入学した。当時の建築科の修業年限は三年であり、國男は、一九二八（昭和三）年三月、二八名の同級生と共に同建築科を、無事卒業する。この年卒業の建築科の同級生からは、昭和戦前・戦後を通じて建築界で目覚しい活躍をした建築家や構造家が輩出したことでも知られており、たとえば、市浦健、太田和夫、谷口吉郎、横山不学などが前川と一緒に卒業している。前川は卒業式が執り行われたその日の夜、当時四二歳であったパリの新進建築家、ル・コルビュジエのもとへと旅立ち、東京を発って十七日目に、パリに到着したという話は、今では広く知られている通りである。(5)

「鬼っ子」呼ばわり

一九七三（昭和四八）年十月号の『建築雑誌』の「主集――設計者と制度」の中で、当時六八歳であった建築家前川國男は、同誌編集委員会のメンバーによるインタビューで、質問に答えるかたちで、次のように語っている。

「**前川**　一時建築家が、長谷川堯君が書いているように（『神殿か獄舎か』）大正の表現派に傾斜した時代があった。それを昭和の鬼っ子、ぼくらは鬼っ子にされているが、メチャクチャにしたという意見があるが、大正表現派がプツッと切れて、鬼っ子がワッと出てきた、という論旨だろう。大正の表現派はどうしてあんなに寿命が短かったのかね。つまり鬼っ子のぼくらがその影響をちっとも受けていないのだよ。何かスパッとそこで消毒室か何か通って、近代建築なり、工業生産に飛び込んだ感じがするのです。その影響を受けないで、どうしてあそこで断絶があったのか。これは大事なことだと思う。神殿的な思考ということが正しいかどうか知らんが、大正の、ある意味ではヨーロッパの折衷主義かなんか知らんけれども、あの系列をずっと引きあげた人がプツンとぼくらに何の影響も残さず、スパッと変身した。そこらのところはぼくらにはよくわからんし、しかし非常に面白い問題だと思う。[6]」

前川の発言の中にある、拙著、『神殿か獄舎か[7]』は、前川國男への『建築雑誌』のインタビューが行われる前年、つまり一九七二（昭和四七）年に上梓した私の最初の本であり、その前の数年間に建築系の雑誌などに書きためていた日本の近代建築史に関する文章を一冊にまとめたものであった。ここでその内容を簡潔に要約しておくと、当時の日本の近代建築史研究においては、歴史的な時代区分としての《明治建築》と呼ばれる歴史的区画がすでに確立された感があり、これを研究する体制も、東大生産技術研究所の村松貞次郎教授を中心に着々と整えられていた。他方には、一九二〇年代後半以降の世界的な動きのなかで日本の建築界を捉え研究しようとする動きがあった。つまり二〇年代後半において、つまり昭和という年号の開始とほぼ同時に欧州から日本へやってきた、建築生産の工業化を前提とする近代合理主義建築論の波と、ロシア革命後に世界的に広がっていった社会主義思想の隆盛が、社会的現象として並行して起こり、さらにそれと時期を同じくして、「日本趣味」とか、「帝冠式」などと呼ばれたような、建築デザインの国粋主義的傾向が台頭してきたが、こうした《インターナショナリズム》と《ナショナリズム》の、まさに騒然とした拮抗関係を、《昭和建築》、とでも呼ぶべきエポックとして捉えようとするような研究が、主に《モダニズム》の立場をとる人たちの間で熱心に進められつつあった。

そうした状況の中で、私は先行するこの二つの歴史的エポック、つまり《明治建築》と《昭和建築》という二つの大きなブロックの間に、結果的にはやや強引にねじ込むような形になったが、《大正建築》と名付けた、いわばもう一つの建築史的なエポックをこの『神殿か獄舎か』の中で提唱し、その認知を求めた。こうした主張を私があえて試みた理由は、この《大正建築》の時代に生き、その時代の建築デザインを支えてきた建築家たちの身体の奥で、《明治》期の様式建築への傾斜とも、《昭和》期のモダニズムあるいは国粋志向とも異なる、《大正》期に特有のある種の通奏低音のごとき、「建築家のアイデンティティへの希求」、つまり彼ら建築家の「自己」の追求、もしくは建築家の自立的な想像力の追求、というような特別の意図を看取したからであり、さらにそうした建築家たちの姿勢が、《明治》とも、《昭和》とも異なる、どのような特別な建築デザインを、実際に建築として結実させていったか、という点をも明らかにしようとしたからであった。

そのような《大正建築》の具体的な期間としては、いわゆる「大正」という元号がもつ十五年間と、その前後に五年を加えた四半世紀、一九〇五（明治三八）年頃から一九三〇（昭和五）年前後の二五年ほどを、その期間として仮に設定した。つまりこの史的区画の先頭部分は、「アーツ・アンド・クラフツ」や、「アール・ヌーヴォー」等の、欧州の当時先端的であったデザインの影響が日本の建築デザインに到達した明治四十年前後に置き、表現主義系の建築デザインが隆盛を極めた大正十年代（一九二〇年代前半）に続いて、その末尾部分を昭和初年（一九二〇年代後半）に置き、これを大正エポックの急速な衰退期とした。したがって、ル・コルビュジエに代表されるような、ヨーロッパを源泉とする、社会の工業化を前提にした国際的な合理主義建築論の日本への流入をもって、《大正建築》は終息し、それに代わって《昭和建築》がスタートした、と結論づけ、特に、一九二八年前後の日本の建築界は、ある意味でその歴史的な屈折点を構成していたとして、その本の第一章の「日本の表現派」と題した章の終わりの部分で、「昭和建築がとってかわる」、という小見出しを付けて、私は次のように書いている。

「日本インターナショナル建築会[8]の結成の翌年、一九二八年六月、スイスのラ・サラで、「現代建築国際会議[9]」（CIAM）が結成され、機械美学と近代技術信奉を背景にした合理派近代建築家の国際的大合同へと第一歩をふみだした。（中略）さらにまたこの年には、時代の最先端の動きに最も鋭敏な反応を示す学生の中から、注目すべき卒業生があらわれてくる。たとえば、市浦健、谷口吉郎、横山不学、前川國男など。彼らこそ昭和建築の申し子たちであり、また大正建築の鬼子でもあったのである[10]。」

けしからん、という声

残念ながら生前に、この記述、特に《大正建築》の理念にとっての「鬼子《おにご》」と私が書いたことについて感想を、前川から直接聞く機会は持てずに終わった。しかし前川自身はともかく、前川の傍近くにいた人たち、特に戦後、彼と共に日本の近代建築運動を推進してきたと自負する、意気盛んな一群の建築家やジャーナリストたちには、私の「鬼子」、あるいは「鬼っ子」といった記述は、かなり刺激的な言葉、はっきりいって我慢のならない発言として受け取られたことはたしかであったように記憶する。というのも、〝前川シンパ〟とでもここで仮に呼ぶべき人たちから、私が使ったこの「鬼っ子」という言葉を、なぜかその直前部分の、「彼らこそ昭和建築の申し子」であった、という歴史的区画を私が示した部分を消去した形で、とにかくこれは不穏当な発言だ、として強い反感を持ったと、後に何度も私は聞かされることになったからである。彼らの不機嫌さを一言でいうなら、日本の近代建築の偉大な尊敬すべき推進者として、戦前から戦後へほとんど一人で、まさに孤軍奮闘してきた巨匠に対して、長谷川堯はあまりにも無礼だ、言葉の使い方を弁えていない、という点に尽きていたと思う。(11)

ル・コルビュジエのもとから帰国した後の一九三〇年代以降、建築家前川國男は、日本の近代建築運動の若き指導者として活動をはじめ、戦前の建築界の固陋《ころう》な国粋主義者や、古色蒼然たる様式主義者たちとの間で、さまざまな苦闘を繰り広げながら、陰険な権力の側からの激しく執拗な攻撃にも耐えつつ、ル・コルビュジエのところから持ち帰った近代建築の火を消さないように守り、一九四五(昭和二〇)年、日本の敗戦という決定的な局面の展開の中で、そうした保守勢力に最終的に打ち勝ち、戦後日本に、「近代建築」と呼べるような建築デザインをようやく確立し、同時に「建築家」という〝プロフェッション〟の確立に目途をつけることに成功した立役者、最大の功労者であるという認識は、一九五〇年代から二十年ほどの間の日本の建築界で固められて行き、一九七〇年前後には、ほとんど揺ぎ難い確信として定着していたように思われる。そうした雰囲気の中で、

「近代建築の闘将―前川國男」といった称号なども、ごく自然に人々に受け入れられていたし、前川自身も格別それを否定するようなこともなく、広く使われていったし、私自身もそうした状況の中で学生時代を送り、そのイメージは脳裏に刷り込まれてもいたのだ。いいかえれば前川は、まさにその意味ですでに十分に〈歴史的〉な存在であり、また日本における《モダニズム》建築実現の象徴的な存在として、後に続いた建築家たちやジャーナリストたちに祭り上げられ、担がれていた、とも言うことができる。その建築家を、こともあろうに「鬼っ子」呼ばわりをするとは、節度も礼儀も知らぬに程がある、という非難が寄せられたのも、一九七〇年前後の日本の建築界の、まだ圧倒的な力をもっていた《モダニズム》礼賛の雰囲気からは、ある意味では当然の反応であったといえただろう。

一方、その本を出した時の私といえばまだ三五歳という年齢であったし、若さにまかせて、日頃気にかかっていたそうした日本の《モダニズム》の推進者であると自負するような人たちの、どこか楽天的な建築論について疑問を抱き始め、何らかの問題提起を試みよう、もう少し有り体にいえば、固陋な《モダニスト》たちの向こう脛を蹴飛ばしてやりたいというような、ひそかな野心があったことはやはり否定はできないところであった。日本の戦後の建築界を通して「近代建築家」と日頃呼ばれて時代を切り拓き、新しい建築についての一般市民の蒙を開き（!）、時には〝輝かしき前衛〟としてもて囃されてきたような建築家たちを、あえてターゲットとして設定し、（『神殿か獄舎か』の中では建築家丹下健三の戦前から戦後にかけての一連の建築デザインを主な標的と定めていた）、彼らの建築の表面からは窺うことのできない、設計者たちのある種の〝頭の高さ〟、つまり自分たちが社会を新しい世界に導くリーダーであるという、まさしく〝神殿〟から見下すような姿勢を告発したいとしきりに考えていたから、ご本人や、その周辺から、そうした意外な反響を引き出したことに、少し驚いたのと同時に、どこかでほくそ笑んでいたのもたしかであったのだ。

もう一つの爆弾発言

しかし、この『建築雑誌』のインタビューには、先の「鬼っ子」についての前川の発言の重みを、ある意味で吹き消してしまうのではないかと思わせるような、もうひとつの〝爆弾発言〟が前川自身によって用意されていた点についても、ここでぜひ言及しておかねばならないだろう。前川は、（編集上の都合からだと思われるが）、ほとんど前後の脈絡もない状態の中で、突然、問わず語りに次のように語っている。

「**前川**　おかしな話ですが、ぼくが帝室博物館のコンペをやったでしょう。よくほめてくれる人もいるわけだ。しかし正直なところ、もしあれが逆に建って今残っているとしたら、上野の山は目をあけて歩けないだろうといって笑っているんだがね。(12)」

この発言を最初に目にした時、前川が六八歳の年齢から、二五歳の時の「応募作」を回想して、正直な気持ちをごく素直に話しておられるのは、さすがだと思った。たしかに、もしあのコンペ時の前川案が、何かの拍子で一等当選し、当時の施工会社の技術水準で工事が行われ、現在の「東博」

がある上野公園の奥の同じ位置に、〝日本のモダニズム建築の嚆矢〟、という称号を背負いながら建っていたならば、戦後、よほど丁寧な補修、改修工事を繰り返し行ってメンテナンスを続けていないかぎり相当に老朽化して、おそらく見るに耐えないような惨状を人目にさらしていたかもしれない、と私にもすぐに想像ができたからである。実際に、当時これと同じような事態として、一九二〇年代から三〇年代にかけて建てられた先駆的近代建築の惨状が、ヨーロッパからくる雑誌などの最新情報として日本にも伝えられていた。たとえば前川の師であるル・コルビュジエの、この時期のフランスにおける一連の作品にもそれが顕著に見られ、それが社会問題化している、といった話があり、近代建築の耐久性に疑念が向けられ、石や煉瓦で作られた伝統的な建築にみられる、いわば妥当な〝年齢《とし》の取り方〟とは異なる、近代建築に特有の〝病状〟ではないかと、一部では盛んに論じられていた時期でもあった。

つまり前川のような設計経験を十分に重ねた老練な建築家が、自分の〝若描き〟の設計を率直に反省して、正直な気持ちを吐露されているのを、さすがだ、と私は素直に感心していたのだ。しかしそうはいっても、私のような受け取り方は当時の日本の建築界ではなぜか少数派であったらしく、むしろ先にふれたような前川を熱く取り囲んでいた多くの近代建築家たちや近代建築論者たちの反応は、逆に、この発言に対して訝る、というか、当惑気味な反応が多く、その発言を巡って、仲間内での議論がしばらくの間、繰り返されていたように記憶している。

その頃、大学で教鞭を取る、大変親しいある先輩格の近代建築史研究者から、私が直に聞いた反応の一つとして今でも鮮明に覚えているのは、「前川さん、なんで今頃になって、こんな発言をするんだろうなあ」、という、嘆きとも、軽い怒りともつかぬ、溜め息交じりの言葉であった。

改めてここでいうまでもないかもしれないが、特に若い読者のために、この話の背景を簡単に補足しておくことにしよう。前川が「帝室博物館のコンペ」といっているのは、一九三〇（昭和五）年、ル・コルビュジエの設計事務所での二年間の修業を終えて日本へ帰ってきたばかりの彼が、早速設計に取り組んで応募した設計競技作品のことである。一八八二（明治十五）年以来、上野の杜の象徴として立ち、関東大震災のときに惜しくも倒壊した、J・コンドル設計の赤煉瓦造の「本館」の建物に代わる、新しい「東京帝室博物館本館」の設計コンペティションへの応募作のことであり、前川は、いかにもル・コルビュジエゆずりといった、端正な幾何学的輪郭の建築形態とプランを持つ、まさに《モダニズム》の薫り高い設計で応募したが、一九三一年に発表された結果は、渡辺仁設計の、「帝冠式」とも呼ばれるような東洋風の大きな瓦屋根を載せた、今の上野の国立博物館本館棟の原型となった応募作が一等当選し、前川は予想された通り選に洩れて終わった。(13) 前川はこのコンペの後で、『国際建築』誌に、「負ければ賊軍」と題した短い一文を書いてモダニストの立場でのコンペ結果への口惜しさや、無念さを書いて、同志を鼓舞しようとしたことは、夙によく知

東京帝室博物館競技設計応募案（1931）

られている。[14] 日本における国際的な《モダニズム》が、国粋的「日本東洋趣味」に敗れる、という典型的なパターンの一つであり、しばしばこれは、ル・コルビュジエの「国際連盟会館」コンペでの、最終的な落選の悲劇に準えられもした。

日本の《モダニズム》の展開を追いかけてきた、一九五〇年代から六〇年代にかけて活躍していた建築家や、近代建築史研究者や、建築論者たちのほとんどが、インターナショナルな動きの一環としてのわが国の《モダニズム》建築は、このコンペの結果が如実に示しているように、《ナショナリズム》系デザインの当選によって出鼻を挫かれ、《インターナショナリズム》は手痛い一敗を喫した、と叙述した後、しかし少なくとも、前川のコンペ応募案によって、日本の《モダニズム》は着実に第一歩を踏み出したし、まさにその意味でメルクマールとなる注目すべき設計であった、と高くその応募案を評価していた。さらに言外に、もしそれが一等当選し、あの上野の杜に、白く輝いて建っていたならば、日本の近代建築は、無用な迂回もなく、より速やかに、より着実に、また国際的にもはるかに進んだ輝かしい道を歩んでいき、そのまま充実した戦後を迎えたにちがいない。その意味ではこの落選は大変残念な出来事であった、という認識をも共有していたのである。

同じことを逆にいえば、一九三七(昭和十二)年に完成した渡辺仁設計の「本館」は、日中戦争から太平洋戦争に展開する軍国日本を象徴するまさしく〝戦犯〟的な建築作品であり、日本の近代建築史上の「汚点だ」、とも言外に匂わされてもいたのだ。そうした状況が前段にあった中での、「上野の山は目をあけて歩けないだろう」という前川の発言は、前川自身が考えるよりもはるかに大きな衝撃となって、日本の《モダニズム》の建築デザインと、その展開の歴史を追い続けてきた人たちを襲ったのである。解りやすく譬えるなら、それはあたかも、彼らの奉ずる〝御神体〟を、その製作者自身が自ら鎚を手にして叩き割る瞬間を図らずも目撃したかのような、彼らにとって、いつまでもトラウマになって残る光景であった、といえるかもしれない。

「夢だ、夢だ」

前川の、「上野の山は目をあけて歩けない」という発言に、必ずしも直接的とはいえないが、あながちその発言を引き出したことに無関係だったともいえない一文を、この前川発言の一年ほど前に、私は『新建築』一九七二年六月号に書いている。「メスの建築思想の復権へ」[15]と題したその文章の冒頭部分で、前川國男の新作、「埼玉県立博物館」(1971)(現在「埼玉県立歴史と民俗の博物館」)について長く触れて、特に、完成したばかりの博物館の外部空間が私に与えた、

埼玉県立博物館のアプローチ(1971)

ある種の戸惑いとか、いらだちに似た感覚についてかなり長く書いている。博物館を目指して大宮公園の方から入口へアプローチしていく間に広がっている、暗い赤褐色の炻器質タイルが外壁一面に貼られた建物に囲まれた静謐な前庭広場。戦前から戦後にかけての「前川建築」を特徴づけ、ある種のエンブレムにもなっていた、コンクリート打放しの粗々しい外壁や列柱の表情は、ここではほとんど窺うことはできない。逆に眼前に広がるのは、RC造のコンクリート壁を奥に押し隠すかのようなメーソンリー風のタイル壁であり、その暗い赤褐色の壁が、あたかも屏風のように屈折して、訪れる人たちを迎え取り囲んでいる。この前庭空間からは、あの、カメラに向かって手を振り上げ何かを指差して鋭く見つめる、意気盛んな頃の彼の肖像写真が現すような、「近代建築の闘将」、としての勇ましい前川の建築家としての姿勢や、そこから発せられる強い建築的メッセージといったものが感じられず、むしろ逆に、ここでの前川は、そうした明確なメッセージ性から建築を開放し、緑の多い大宮公園周辺の都市環境のなかに、寡黙のままに静かに沈み込ませたい、と願っているようにさえ感じられる作品であった。

その寡黙さの意味は何か、一転して「闘将」の作品らしくないこの静謐さは一体どこから来るのか、などとその前庭でひとり思案していたときに私は、全くの偶然だが、ほんのその数日前に、出来たばかりの三宅坂の国立劇場で観た、歌舞伎役者、松本幸四郎（先代）が演じた、「熊谷陣屋」の熊谷次郎直実の、思わず涙を催させてしまう名演技を、思い出していたのだ。前川がこの博物館の前庭に実現した炻器質タイルの壁面の広がりは、もしかしたら、熊谷次郎直実が、自分自身の引き起こした悲劇の果てに仏門に入って身に着けた僧衣、「墨染の衣」と同じものではないか、などとふと考えて、そのことを雑誌の原稿の書き出しに書いた。芝居上の「熊谷直実」は、自分がかつて仕えた主君の子で、今は敵方にある平敦盛の身を救うために、自分の息子をその身代わりに殺して首をさし出し敦盛を助ける、という悲劇の主人公である。武士社会の〈主従〉関係や、〈恩義〉と呼ばれるしがらみの中で、最も大切に思うわが子の命さえ犠牲にしてしまう自分の罪深さに、熊谷直実は自らひそかに剃髪し、その心の苦しみと深い悲しみを「墨染の衣」の下に包み込み、一人山道をさ迷い歩くがごとく、客席の中に通された花道の上を歩み去って行くのだが、幸四郎はこの花道に立ち、「十六年はひと昔、夢だ、夢だ……」と死んだ子を思って独白する。その台詞から私は、「前川さんのこの前庭は、幸四郎の熊谷が、兜の下ですでに剃髪し、鎧の下に未来の衣服として身にまとっていたあの墨染の僧衣と似たようなもの」、ではないかと書いている。

「前川さんは近代合理主義建築の倫理と論理に身をささげてきた結末において、建築そのものが若々しい〈生〉を圧しつぶすか、あるいはそのことの無意識の予感におそわれて、前川さん自身の建築を墨染の衣とし、自分をその衣のなかにつつんで自縄したのではないか、という推測である」。

「…私自身の耳には、昭和のはじめから現在に至るまでの半世紀にわたっての、一つのあきらかな理念にしたがって歩いてきたすぐれた建築家の、七三の花道から〝引っ込み〟にかけての独白が聞こえるような気がするのだ。『五十年ひと昔、夢だ、夢だ』[16]」

果たして射止めていたのか

一九六〇年代の日本の建築界に充満していた、《モダニズム》建築への熱狂からくる余韻にまだ浸っている感のあった、一九七〇年前後の時点の建築界において、いわばその専横状態からくるなんともいえぬ圧迫感への、ごく単純な反撥心を力にして、《モダニズム》の一枚岩的な塊に対して、小さくてもいいからいくつか風穴をあけ亀裂を入れたいと、私が批判的な考察を試みはじめていたことについてはすでに触れた。そうした試みの中で、当時の私にとって、「闘将」前川國男の建築界における存在は、もう一人の戦後建築界の巨大な星であった建築家、丹下健三の存在とはまた異なる意味で、重要な〈標的〉であったことは確かである。その前川は、彼を取り巻く熱烈な信奉者たちをあえて驚かせても、前述のように「鬼っ子」呼ばわりした私のような駆け出しの研究者の発言をあえて正面から受けて立ち、「帝室博物館」がもしあのコンペ案の通りに出来上がっていたら、上野の山を自分は目をあけては歩けなかっただろう、とやや自虐気味にさえ聞こえる調子で語っているのを読んだりすると、私が日本の《モダニズム》に放った矢が、ともかく標的に命中したのではないかと考えて、ひとり悦に入っていたのもたしかである。

　一方で前川はこの頃、建築が本来持つべき質の持続性の問題についてしきりに発言するようになり、そこから近代建築にとっての最も代表的な表情の一つであるとされた、「コンクリート打放し」という、十九世紀までは全く見られなかった、二十世紀建築に特有の魅力的な建築の表面の仕上げ法に疑念を表すようにもなっていた。というのもその頃日本で〈打放し〉が耐候性や耐久性といった面において疑問の残る仕上げであることが次第に明らかになってきていたからである。前川はこの点を解決するために、「打込みタイル」などの独自の技術を考案して、コンクリートと共に打ち込んだ炻器質タイルを外壁の防護材として使い始め、一見するとそれが組石造《メーソンリー》の建築であるかのような表情を自分の設計した建築に与えるようになったのである。先の「埼玉県立博物館」の前庭の煉瓦タイルを張り巡らした空間を私が前にして、「墨染の衣」、つまりそれは、〈打放しコンクリート＝近代〉という従来の図式からの、前川の〝後退〟、もしくは《モダニズム》のいわば〝擬態〟ではないかと訝ったのはそうしたことを考えたからであった。まさに駆け出しの批評家であった私は、前川のアキレス腱を、かなり的確に〝射止めた〟のではないか、とその当時は思ったし（追い追い明らかにするように、必ずしもそれは的に命中してはいなかったようだが）、ある種の高揚感に浸っていたのも事実であった。

しかし、かなり時間を置いて、もう少し冷静にその当時の前川の反応を振り返って考えてみると、「急所を突かれた」かのような表向きの反応とは別に、前川の言動の中に、あえていえば〈余裕〉のようなものが窺えることに気付かされずにはいられない。いい方をかえれば、「その辺を攻撃されたとしても、こちらは痛くも、痒くもない」、といったものが、前川の言葉の端々に見え隠れしているようにも思える。そうした余裕がどこから来たかと考えていて、あるとき私はふと気づいたのだが、前川國男は、一九七〇年前後という時点においてすでに、自分の身体を厚く取り囲んでいた、日本の近代建築の先駆的実現者《リーダー》であり、あるいはまた国際的な《モダニズム》建築運動の日本における強靭な「闘将」、といった称号やレッテルを、彼自身はどこかで鬱陶しいものとして感じ、機会があれば脱ぎ捨てたいと考えていたのではなかったか、とふと思い至ったからである。さらに彼には、そうしたジャーナリスティックな呼称や紋章とは離れた位置で、彼自身の設計活動を地道に、着実に展開してきたという自負もあったし、実際には、そうした意図を持つ発言をかなり前から発し、ついに一九七〇年前後の時点において、先に紹介したインタビューや自分の原稿などを通して、自分の真情を少しずつ披瀝し始めたのではなかったか。そうした〝告白〟に、私はいわば付き合わされていたのかもしれない。射止めた、と思ったのは、前川が脱ぎ捨てたいと思っていた鎧や兜の上に矢が当たっただけであり、その矢の先端は彼の建築家としての身体に届いていなかったのではないか、と。

民家風の自邸

前川自身としては、自分は、《モダニズム》の「闘将」として活動してきたのは必ずしも自発的なものだったとはいえず、またそれほど長い期間でもなく、結局自分がほんとうに造りたいと思っていた建築は、実はそれとは別のところにあり、いわば《モダニズム》の衣を借りながら、それとは違うものをずっと追いかけてきたのだ、とそれとなく告白する中で、「君たちもそろそろその辺のことに気付いいてくれてもいいのではないか」、といった苛立ちも一緒に、一連の発言を行っていたのではなかったかと、どこかの時点で私は考え始めたのである。私が、前川のこうした本音と思えるものを、薄々ながらも感じ始めたのは、迂闊にもかなり後になってからのことであり、その事実をはっきりと確信するようになったのは、一九八六年に八一歳で彼が逝去した後もかなり経った、一九九〇年代に入ってからのことである。彼の死後五年ほど経ったときに、前川の建築と建築家としての生涯を評価し直そうとする、あるシンポジウムが東京で企画され、そのパネリストの一人として招かれたとき、私は初めて公の席で、日本の「近代建築の闘将」という〝鎧兜〟を脱ぎ捨てたところで、前川がほんとうにめざした建築とはどんな建築であったか、という点についての、あくまでも個人的な考えだが、と前置きして次のような話をした。(17) その内容は、十九世紀から二十世紀にかけての近代建築の歴史的思潮のなかで、いわば隠れた底流のごとき潮流として、現代にまで確実に届いていると思われる、《ヴァナキュラリズム（Vernacularism）》の理念と手法が、前川の設計の中に（すでに戦前から）潜んでおり、それがこの稀有な建築家を捉え直すための、きわめて重要な手がかりになるはずだ、という推測であった。

しかし、その夜の討論会に出席していた、パネリストに限らず、生前の前川に設計者として個人的な接触を持っていた参加者たちの、私の提言に対する反応は、正直なところ私自身にとっては決して芳しいものではなかった。その耳慣れない《ヴァナキュラリズム》、あるいは《ヴァナキュラー建築》とは一体何なのだ、少なくとも自分が知っている限り、前川自身の口からはそんな言葉は、「一度として聞いた記憶がない」、といった意見が大勢を占めたからである。その時の私の考えの一部には、パネリストの一人として、あえて一般的な前川イメージに逆らった問題提起を試みて、どんな反応があるか確かめたい、といった気持ちがどちらかといえば強く、そうした問題提起に対する、思いがけないほどに強い反論や質問に、十分な説得力で答えられるような準備は整っていなかった。ただ前川が戦前に設計したいくつかの住宅建築、たとえば町家風の緩勾配の瓦葺の大屋根と越屋根がいかにも美しい立面を見せる「笠間邸」(1938)や、木造で外壁を節だらけの板張りで廻らし、ヴェランダに二本の丸太を立てて太い軒梁を支持させた「佐藤別邸」(1938)や、同じく木造で大きな翼のような切妻屋根に特徴のある「前川自邸」(1942)などの、一連の戦前あるいは戦時中の建物が、戦後に改めて再録された雑誌等を通して考えてみたり、彼の戦前から戦後にかけて発表した文章などの一部を読んだりして彼の建築論を探っていると、いわゆる《ヴァナキュラー建築》と呼ばれるような、民家などの、風土密着型の建築の持つ基本的性格にどこか似た、それと共通するような内容を、前川が設計した一連の作品の中に感じないではいられない、という多分に感覚的な印象を基にして、「前川・ヴァナキュラリズム論」を提案したのであった。特にその時の私の頭の中で一番強くあったのは、大崎にあった「旧前川邸」の建築的内容であった（建物は解体されて軽井沢に保管されており、まだ小金井の江戸・東京たてもの園に移築再建される前であった）。一説では伊勢神宮を模したために、南側に棟持柱が立っていると伝えられているが[18]、実際には、おそらく信州辺りに今も残る、雀踊りの棟飾りのある石置きの切妻屋根を特徴とするよう

松本の本棟造の民家

前川自邸（1942）

な「本棟造」の民家の持つシルエットを髣髴とさせる外観と、コル風の吹抜け空間の中を、出桁で支えた中二階や、太い格子の入った高窓や、その下の引違い障子といったインテリアの要素が、国際的な《モダニズム》の香りよりも、はるかに強く地域土着的な《ヴァナキュラリズム》の匂いを漂わせている建築に私には思えてならなかったのだ。とくにその建築が、施主という他者を介在させる一般的な住宅設計においてではなく、施主が設計者自身であり、自分が設計者の位置にいる「自邸」であればなおさら、前川の意図がそこにストレートに表明されていたと考えるのはおそらく自然であろう。

「今日の日本建築」

前川が、一九三七（昭和十二）年の『建築知識』十二月号に寄稿した「今日の日本建築」と題したエッセイがある。[19] 明らかにその数年前に前川が訳して出した、ル・コルビュジエの『今日の装飾芸術』という本のタイトルを意識してつけた表題であるが、ちょうど盧溝橋事件に始まる「日中戦争」の開戦直後の日本の、国家総動員法が発令された、まさしく非常時に書かれた文章であり、一部では、この中で前川が書いた、「『八紘一宇』と仰せられた悠大な建国の大理想は窮極に於て世界人類に寄せられたる大慈悲の理想であり、三千年の日本歴史を通じて日本の鎖国も開国も、凡て此の大理想を背景としての転変であった。」といった断片的語句を捉えて、前川の右翼思想への「転向」を示すものだと指摘された文章だが、その可否はともかくここでは置くとして、前川は第三章に「今日の日本建築の進路――神妙の建築」という見出しをつけて、「所謂新建築と所謂日本趣味の建築との対立より生れ出づる今日日本精神の建築を私共は『神妙の建築』と確信するのである。」として、「日本民族は……日本伝統の精神に還らねばならぬ」が、その「伝統の精神」とは、『原理』の精神に立ち還る事」だとして、次のように続けている。

「更正日本に重要なものは、一にも二にも原理の問題である。一時代の建築様式を決定するものは……確固不動の原理であらねばならぬ。

今や日本建築の構造技術は先輩の努力によって世界に冠たる耐震構造体系が確立されんとして居る。

之が一つの堂々たる今日の建築として実を結ぶ為に、茲に『原理』の確立を求める。

今や国民精神は総動員され、国家社会の思向は共同の目的に向つて奔流せんとしている。

建築も亦、我等の祖先が木と草とで、或いは紙を加え、漆喰を用いて、雨を凌ぎ、風を防いだ、あの素朴な『日本原理』に従って、我等の技術を神妙に、地道に、衒気もなく駆使して行かねばならぬ。一本の鋲を用うるにも、一握のセメントを用うるにも、国家を、社会を、そして農村を思わねばならぬ。

そこに生まれる建築は、過去の社会の何れの建築の持てる美しき細部は失うかもしれぬ。然し恐らく過去の建築の何れもが持たなかった安心往生の美を必ず見出すであろう。我々は此の道以外に、今日の日本建築が日本精神の輝きに甦る道無き事を、断じて確信する。

建築家は今こそ旧時代の仮面と虚栄とをかなぐりすてて、『神妙の建築』こそ、日本伝統精神の建築である事を、大声疾呼すべき勇気と矜持とを持たねばならぬ。[20]」

ここで前川が強調している「神妙の建築」の、「神妙」という言葉を通して彼が何を読者に伝えようとしていたかについての解釈は、簡単にはできないが、少なくとも前川が、日本の現代建築のデザインを、鉄筋コンクリートや鉄骨造による〈耐震構造〉という日本独自の構造理論と構築技術を基本として置きながら、「地道に、衒気もなく」、つまり「神妙」に、誠実に設計して行こうという姿勢を、ここで表明していたことはおそらく間違いのないところだろう。彼のいう『日本原理』が現れたいわば歴史的先例として上げているのが、「我等の祖先が木と草とで、或いは紙を加え、漆喰を用いて、雨を凌ぎ風を防いだ」建築、つまり日本の伝統的な民家などのヴァナキュラー建築だった、と書いていることからすれば、日本の土着的建築が特徴としてきたような、「地道」で「衒気」のない建築の骨組みである〈柱・梁の構成〉のことを指している、と拡大解釈しても、さほど大きな誤りを犯していることにはならないのではないか。いいかえれば前川は、昭和初期の建築の二大潮流、すなわち〈国際的な合理主義〉の流れと、〈国粋的な日本（趣味）主義〉の流れという対立的構図のうちのどちらか一つを選び取る、という安易な選択をせずに、その矛盾的対立を乗り越え、止揚するものとして、ヴァナキュラリズムから抽出された軸組的構造の近代建築（彼がここでいう『神妙の建築』）をすでに戦時中において明確に構想していた、と私は考えるのである。

上のような、昭和初期以降、前川がその時々の局面で行ってきた発言や発表作品を、当時の雑誌や、それらを採録した本などを読み返す作業を通して、さらにはまた彼の戦前・戦後にわたる主要な作品を、日本の各地に実際に見て歩くうちに、私は、前川を取り囲む人たちによって、一度は拒絶されたようにも思えた、《前川＝ヴァナキュラリズム》論という仮説が、さほど的外れな提言ではなかったことを、改めて自分のなかで確信として持つようになったのだ。それとともに、前川が一九七〇年代の初め頃に脱ごうとしたように見える「近代建築の闘将」としての〝鎧兜〟を、逆に断じて脱がせまいとするかのような強い力が、彼の身体の上に常に負荷としてかけ続けられていたらしいという、それまであまり気づかなかった事実にも気付いたのである。

ここからはしばらく、前川が身につけていた〝鎧〟とは別の〝衣〟として私が考える、彼の身体を包んでいた《ヴァナキュラリズム》の建築理念とデザインとは、どのようなものであったかについて、しばらく解説をしてから、話を先に進めよう。

ヴァナキュラーな建築

「ヴァナキュラー」(vernacular)という形容詞を、手近な英和辞書で引くと、「生まれた土地の〈言葉〉、土地本来の、その土地の言葉を使った」といった主に〈言語〉に纏わる地域性を表すための言葉であり、さらに名詞としては、「地方語、方言」といった訳語が与えられている。したがって、「ヴァナキュラー建築」(vernacular architecture)という言葉に対して、訳語を与えるとするならば、あたかも〈標準語〉(最近は〈共通語〉)に対する〈方言〉の関係と同じようなかたちで、〝方言的建築〟、つまり「その土地、地域に特有な民俗的建築」といった意味になるだろう。もう少し詳しくいえば、その地域で容易に採取することができる土、石、木などといった主に自然材料を使い、長い歴史的時間の経過にもかかわらず一貫してほとんど変わらず継承されてきた石工や大工や左官などの技術によって構築された、「それぞれの場所、風土に土着、密着した諸建築」、ということになるだろう。今使われている一般的な用語として、一番それに近いものを探すならば、「民家」という単語が最も近いと思われるが、ただ、この用語はほとんどの場合、伝統的な〈民間住宅〉に限定して使われる言葉であり、土着的建築全体に及ぶ用語としては、やや限定され過ぎているところに難点があって、訳語としては使われていない。

人間の建築の長い歴史は、多くの建築史の教科書がそうした記述の仕方をしているように、原始未開の、あたかも動物の営巣に類似した段階での人間たちの建物づくりに始まって、やがて中国、インド、メソポタミア、エジプトなどの大河流域の、文明が最初に開花した地域の建築や都市に展開して行き、さらにやがて西洋世界においては、古代地中海圏におけるギリシャ、ローマを中心としたいわゆる《古典様式》を持つ建築を成立させて最初のピークを迎える。続く民族大移動の中で巨大なローマ帝国がもろくも崩壊した後、代わって、東ローマ帝国に中世期における最初の建築様式として《ビザンティン》が登場し、他方成立したばかりの西ヨーロッパでは、《ロマネスク》、《ゴシック》の建築様式が続き、なかでも《ゴシック》は、アルプス山脈の北側に生まれた、地中海域とは異なる独自の文化が新たに生み出した新しい建築様式として、西欧諸国の教会堂建築を中心に、十三世紀、十四世紀に隆盛を極める。しかしそれも近世になり、中世で主流を占めていた、絶対的価値としての〈神〉に捧げた教会堂などの宗教色が濃厚な建築に代わって、〈人〉が使うことに捧げた世俗的な建築デザインが次第に勢力を伸ばし始め、その中で古代ギリシャ、ローマの古典建築の様式的復興を通して、《ルネサンス》が登場してくる。やがてこの復興された古典建築がさまざまに展開していく先に、《マニエリスム》、《バロック》、《ロココ》といった、近世西欧の建築様式が続き、続く十九、二十世紀においては、さまざまな過去の建築様式を、《新古典主義》や《ネオ・ゴシック》、《ネオ・バロック》、《折衷主義》等の形でリヴァイヴァルさせていく。しかし他方では、十九世紀の全く新しい鉄構造や二十世紀初頭の鉄筋コンクリート構造技術の発展を待ちつつ、いわば最終的な〈結論〉といったかたちで、ル・コルビュジエなどが主唱した、工業化社会における合理主義建築、いわゆる《モダニズム》建築が、国際的に共有すべき新建築様式として二十世紀中頃から次第に広まっていき、二十世紀中頃に達すると、世界中に文字通り席巻した。しかし二十世紀も第4四半期に入る頃となると、《ポスト・モダニズム》などに代表されるようなさまざまな《モダニズム》建築への批判が起こり、建築観は多岐に分かれたように見えたが、しかし結局は《モダニズム》の掌を一歩も出ていなかったのではないか、といった反ポストモダンの動きも起こり、そうした議論に決着も見出せないままに、ついに二一世紀へと足を踏み込いれた、と。

わざわざ、原始時代から現代までの多様な建築様式の積層の、まさしく教科書的なお浚《さら》いをあえてここで試みたのは、前川國男が、「闘将」として、先頭に立って戦い、日本に定着させたといわれる《モダニズム》建築の歴史的な由来を、改めて確認しておきたかったから、という理由からでは決してない。実はこうした今更ながらの整理を私があえてここで行ったのは、先に触れたような《様式変遷史》上に登場する建築群と、ここで話題にしている《ヴァナキュラー建築》の歴史的な流れとの差異を、できるだけ鮮明に際立たせておきたかったからに他ならない。つまり、一方には、人間の建築をめぐる長い歴史的な連鎖の中で、それぞれの時代が生み出した多種多様な新しいスタイルを、脱ぎ捨てては着る、脱ぎ捨てては着る、といったことの繰り返しの中で綴られる、建築の〈様式〉変遷史の流れが、明るい〝表通り〟、といった趣で存在する。これに対して他方には、《ヴァナキュラー建築》（つまり地球上の一定の地点に文字通り土着、固定するようにして定着し、ほとんど様式的にも変化せずにきた建築）の系譜があり、先のお浚いの冒頭部分の原始的な未開時代から、わずかな変容はあったにしても、基本的にはほとんど同じ形式を踏襲し、同じような意匠、材料、技術、工法を使って十年一日の如く、否それ以上に、百年、千年一日の如く、変わらずに、つまり、時間の経過とか、歴史的変遷とかを忘れた様子で、一気に飛び越えて、現代の時点にまで〈現在する〉系譜として存在しているのである。言葉を変えれば、《様式変遷史上の建築》の系譜は、どこまでも〈時間〉の経過と関わりながら展開していくのに対して、《ヴァナキュラー建築》の場合は逆に〈時間〉の経過に左右されることは少なく、ほとんど止まった状態にあり、その代わりに〈空間〉の変化に、つまり地球上のさまざまな地点、地域に深く関わりつつ、他の地域とは隔絶し、それぞれの場所において独自の継承を見せてきた建築であった、とも要約し直すことができるだろう。

しかも肝心な点は、私たちの建築遺産としての、この《ヴァナキュラー建築》様式は、〈様式変遷史〉上の〝表通り〟を彩っている諸建築様式に劣らない価値と重要性を持つ、といった認識が、産業革命にその発端を持つといわれる近代社会の成立とほぼ時を同じくするようにして確立され始め、そうした流れが今日にまで確実に伝えられている、という事実なのである。ヴァナキュラーな建築への関心は、具体的には十八世紀の後半のイギリスを中心とした《ピクチャレスク》(picturesque) と呼ばれるような美学、特にランドスケープ・デザインの分野において次第に高まっていき、いわゆる「英国式庭園」のなかに添景として登場する「田舎家」などといった形で最初は取り上げられてデザインされていった経緯がある。一方、そうした一連のデザインが逆に、特定の設計者の名前などは伝えられていないような、アノニマスで鄙びた村落や町や、そこに静かに佇むように建っているコテージや教会堂やその他の建物への人々の関心を呼び起こしていく。こうしたヴァナキュラーな建築や都市への関心は、先の〝表通り〟の、設計者の顔が鮮明に刻印されたような建築の、近代へむかって急速に展開していく流れに対して、あたかも逆比例する形で、十九世紀に入ってさらに高まりをみせていったのだ。

こうしたなかで社会の近代化、工業化に向かっての直線的で、右上がりの歴史展開に対して、深い疑問を感じていた一群の十九世紀の思想家たち、中でも反近代主義としての《中世主義》を主張したような思想家や、建築家や、デザイナーたち、たとえば英国のA・W・N・ピュージン、ジョン・ラスキン、ウィリアム・モリス[21]といった人たちが、新しい建築様式の追跡や、建設工学の近代化の追及の中で、古臭い過去のものとして捨て去られようとしていた《ヴァナキュラー建築》を、慎重に取り上げて論じ、その美学的な価値を、十九世紀後半にかけて評価し、称揚するようになっていった。それに続いてさらに、特にモリスの思想や仕事を慕う若い建築家やデザイナーたち[22]によって、ヴァナキュラーな建築やデザインを一つの理想と掲げて制作を行うような、いわゆる《ヴァナキュラリズム》の美学へと昇華されて、二十世紀へと雪崩れ込んでいったのである。こうして建築の歴史は、この〈時間〉軸と、〈空間〉軸、という二つの主要な座標軸の中で位置づけられて、初めて本来の奥行きと立体感をもつ認識が得られる、と考えられるようにまでになっていった。先のような発言を繰り返していた前川は、彼の設計活動のかなり早い段階から、一九二〇年代のル・コルビュジエが大活躍をしていた〝表通り〟の〈時間〉軸の方向だけでなく、こうした地味で地道な〈空間〉軸の方へも、自分の鋭い眼差しを向けていたのではなかったか？

ジョン・ラスキン、『建築の七灯』

前川國男は、ル・コルビュジエが一九二〇年年代の前半期に出していた数冊の本を読んで鼓舞され、ル・コルビュジエの許へと旅立って行った、という話は、今では広く知られているが、しかし前川は、晩年になってから、自分に、直接的な影響を与えたル・コルビュジエとは別に、ヨーロッパ留学を決意させたもう一人の人物がいたことも明かしている。その人物こそ、英国で一九世紀中頃、建築論や美術評論などの分野で活動を開始した思想家、ジョン・ラスキンに他ならない。前川は、ラスキンが建築について論じた初期の代表的著作、『建築の七灯』[23]と題した本に高校時代に出会い、特にその本の中の第二章、「真実の灯」(The Lamp of Truth) の章に、非常に強い感銘を受け、後々にいたるまでそれに影響を受けたと述懐しているのは、やはり注目すべきことである。それについては、この論考の冒頭に引用した、例の「鬼っ子」について語った『建築雑誌』のインタビュー記事の中にも、興味深い発言があるので、ここで再びその記事を引用しておこう。

「**前川**　なぜコルビュジエを選んだかというところ、それはぼくは考えさせられた。ぼくはラスキンの影響じゃないかという気がする。そんなことをいうとおかしいが、ラスキンのセブン・ランプス・オブ・アーキテクチュアーというのがある。あの第二章に真理の灯火［という章］がある。ランプ・オブ・ツルースというのがある。これの影響は今にして考えると深いような気がする。ぼくはなんでコルビュジエのところへ行ったか、それはいろいろある。個人的にはパリははなやかだから行ってみたいと思ったし、何かあるが、ランプ・オブ・ツルースを読んだということは、何かたとえばコルビュジエの建築にひかれるひとつのモーメントになったという気がするのですよ。（後略）」

「**前川**　ぼくはほんとうにそう思うが、三十年か、四十年建築をやって、さてよく考えてみると、ラスキンのひとことがいつももやもやしている。この本の第二章あたりはうまいこと書いている。(24)（後略）」

よく知られているように、十九世紀中頃から後半にかけてのイギリスで、特異な思想家として活躍をみせたジョン・ラスキンは、ヨーロッパ中世期の、特にゴシック建築のすばらしさを称揚し、ルネサンス以降のヨーロッパの建築界を席巻していた、古代ギリシャ、ローマに根幹を持つようないわゆる《古典主義》系の建築につきまとう不毛さを鋭く告発した。その結果として、英国をはじめヨーロッパ各地に、反《古典主義》的建築デザインとしての、いわゆる《ゴシック・リヴァイヴァル》の大きなうねりが、十九世紀後半から二十世紀初頭にかけて、ヨーロッパやアメリカの建築界を覆うことになった。そうした歴史的波動の、いわば原点、原動力となった人物の一人がジョン・ラスキンであった。

中でも彼の主著『ヴェニスの石』三巻(25)は、イタリアの都市ヴェネツィアの建築の歴史を取り上げ、一般的に称揚されてきたヴェネツィアのルネッサンス期以降の建築ではなく、その前のゴシック期のヴェネツィアの建築芸術を絶賛した書として知られ、世界中で読まれた。その本が一八五三年に完結する四年前、ラスキンがまだ三十歳という若さで書いたもう一冊のゴシック建築についての本が『建築の七灯』であり、その本の第二章、「真実の灯」の中でのラスキンの論考が、前川をヨーロッパへ、ル・コルビュジエへと、誘い、七十代の今も自分の胸中を「もやもや」させると、前川は語っているのだ。この回想も、「近代建築の闘将」である前川を囲む多くの人たちを、やや意外に思わせ、同時に困惑させるに十分な話であったといえる。

「真実の灯」とは

前川の言葉でいう「真理の灯火」、あるいは「真実の灯」(The Lamp of Truth)、というのは、ラスキンがゴシック建築を明るく照らし出す灯(lamps)として、「犠牲(sacrifice)、真実(truth)、力(power)、美(beauty)、生命(life)、記憶(memory)、従順(obedience)」、という「七つのランプ」を上げた内の、第二番目に提示された「ランプ」のことである。その内容は、建築の構造や、仕上げや、装飾などの面において、「虚偽」(deceit)の表現を、厳しく戒め、それぞれに嘘のない「真実(truth)」の表出を、ラスキンが厳しく求めた章であった。以下、その内容をできるだけ手短にここで要約しておくことにしよう。

ラスキンはその本の中で、「建築上の虚偽」は、次の三項目に分けて考え、極力それを避けるようにすべきだと書いている。

「一、構造ないし支持体を、本当のものとは違ったものに見せかけること。例えば末期ゴシック建築にみられる天井から下がる釣飾り《ペンダント》のように。
二、実際の材料とは、違った材料に見せるために表面を彩色すること。（例えば木材を塗って大理石のように見せること）。または、それらの上に彫刻がされているように偽って表現すること。
三、種類を問わず、鋳造や機械生産の装飾を使用すること。(26)」

このような記述からもある程度推測できるように、「材料の性質や（職人の）仕事量についての」虚偽の主張に対して、彼は特に厳しく言及し、これを道徳的に厳しく罰すべきだと書いている。そのような偽りに傾くことが、芸術の堕落の兆候を呼びよせる。ラスキンはここで、古典主義建築をベースにした当時の公共建築などにさかんに用いられていた、材料をより高価なものに見せるために、たとえば柱を塗って彩色して、あたかも大理石の一本石であるかのごとく見せたりする材料上の「虚偽」の他に、建築のディテールにおいて、一見、職人たちが多くの時間と手間をかけて造ったかと思わせる装飾が、実際には鋳物で、瞬時に数多く打ち抜かれた粗雑な装飾物だったり、あるいはその他の機械で量産された装飾物だったりすることもまた、同じように「虚偽」のものとして、告発すべきだとしている。なぜなら、建築の装飾的ディテールは、それを造った者たちが長い時間をかけて造り、その手わざの中に彼らが込めた何かを、それを使う側の人間たちが感取して、言葉を超えた交流が両者に成立することを、建築表現の重要な要素と考えていたからである。

同じような意味で、その当時、鉄道駅舎や市場や博覧会施設などに大胆に使われ始めていたような、建築構造材としての鉄架構に対してもラスキンは懐疑的であり、構造に鉄を利用することは、「建築における芸術性が、その最初の原理から逸脱していると感じられる」と書くと同時に、すぐそれに続けて次のようにも書いている。

「観念的に、鉄を木と同じように使うべきではないという理由は見あたらない。建築上の法則の新しいシステムが進展し、それが金属による構造に全面的に適用される時代はおそらくまもなく来るだろう。しかし、あらゆる今の共感や連想の方向からは、建築というものの理解は、非金属の仕事に限定されていると、私は信じている。その理由がないわけではない。建築はすべての芸術の中で最初のものであり、またその完成においても最も早いものであるから、いかなる未開の国においても、鉄の獲得や取り扱いよりも、必要な科学の取得が先行していたはずだからである。建築の最初の存在、および最初期の法則は、大量に手に入れやすく、地表にあるものに依存していた。すなわち、粘土や、木材や、石材である。私は思うのだが、建築の主要な威厳の一つは、それら〔材料〕の歴史的な使用にあると感じないではいられない。そして後者が部分的に様式の一貫性に頼っている以上、さらに進んだ科学の時代においても、昔の時代の材料や原理に限定することは、正当だと思われるであろう。(27)」

建築を見る誠実で真面目な目

このラスキンの文章は、私たちが前川が設計した一連の建築との関係を探ろうとしているような、ヴァナキュラー建築への深い関心と、その種の建築への賞賛と敬意を表明したものとして読むことができるだろう。粘土や、木材や、石材を使って建て上げられたヴァナキュラーな建築の持つ、最も初原的な建築の「威厳（dignity）」に言及するラスキン。一方で、セメントや鉄といった近代的材料は、煉瓦や石の部材と部材をつなぐ接着剤、あるいは緊結材として使うことに限定するのが妥当だとする、その当時としてもすでにやや時代遅れの感のある考えを披瀝してもいたラスキン。その彼は執筆活動を始めた頃、後にゴシック建築の卓越性を説いたのと同じような情熱をもって、イタリアなどの、ピクチャレスクで、ヴァナキュラーな郊外邸宅（villa）などの魅力についての論説を書き、風土に土着し、大地に一体化した建築の魅力について熱心に語っているが、[28] 前川はラスキンのこうした論説をおそらく学生時代に読んで、その中に、後に前川がいみじくも書いたような「地道に、衒気」もなく造られた建築の良さ、その意味でまさに『神妙な建築』を見た、と考えていたにちがいない。

前川は半世紀に及ぶ長い設計活動の中で、現代の「粘土や、木材や、石材」に近い素材ともいえる、鉄筋コンクリートを特に好んで構造材料として用いながらも、他方ではなぜか鉄鋼を建築の構造に使い、それを表現として前面に打ち出して使うようなデザインをほとんど行わなかったことも、あるいは先のようなラスキンの考えが前川の体の奥深く投影していた結果であったかもしれない。さらにはまた、ラスキンは、煉瓦や石の組積造建築の腰壁などとして、大理石のような石板が、煉瓦積みの構造壁の上に張り巡らされることは、決して「虚偽」に当たらない、としきりに先の本の中で擁護しているが(29)、このことと、対候性に弱い鉄筋コンクリート壁の打放しの表面にタイルを打ち込んで、コンクリート壁を化粧すると同時に、その耐久性を高めようとした、前川の晩年の手法なども、つながりがあるのではないかと考えさせるものがある。

『今日の装飾芸術』の中の「告白」

ジョン・ラスキンからル・コルビュジエへと向かう、ある意味ではやや奇妙に思われるねじれ、素直には理解し難い自分の行動の航跡を、より分かりやすくするために、前川は、もう一つ別の手がかりを、私たちへ生前に書き残している。それは前川が、一九三〇(昭和五)年、構成社書房から、彼の翻訳によって出した『今日の装飾芸術(30)』と題した著作を、戦後復刊し、改訳したときに、最初の翻訳時を回顧して書いた、次のような短い「あとがき」の中で示されている。

「『今日の装飾芸術』は弱冠三十数歳のコルビュジエが書きつづった五冊の古典的なその著作の中で、彼自身たいへんに愛着をもっていた本であると同時に、私自身にとっても、いろいろ青春の思い出につらなる本である。学生時代夢中になって読み耽った五冊の彼の古典的な本のうち、私をパリの彼(ル・コルビュジエ)のもとに走らせたのは実はこの『今日の装飾芸術』、しかもその終章の「告白」であったといってもいいかもしれない。

私はこの本によってパリにゆき、コルビュジエをしった。コルビュジエが四十二歳、私が二十三歳の春であった。[31]」

この前川の記述を読んで、戦後彼に与えられた、「近代建築の闘将」、という例のイメージを考えると、非常に意外と思えるのは、彼をル・コルビュジエのところへ直接的に導いた本が、あの「家は住むための機械である」、といった強烈な箴言《しんげん》などが数多くちりばめられていた、新鮮で、衝撃的で、センセーショナルだった、『建築へ』[32]ではなく、その二年後、パリで開催された「国際装飾博覧会」を契機として出版された『今日の装飾芸術』とされていることである。しかも特にその末尾に付録風に付けられた「告白」の部分であった、と前川は告白する。先の文章に続けて、前川はこうも書いている。「この本こそ私の人生にとって、『稀有の人』に私を引き会わせてくれた『稀有の書』であった」、と。ここでは私たちはしばらく、この本が、なぜ前川にとって『稀有の書』となったかについて、「告白」部分を改めて読み返しながら、考えてみなければならない。

「告白」と題されたこの本の実質的な〈あとがき〉は、ル・コルビュジエが、スイスの時計産業の街、ラ・ショー＝ド＝フォンに生まれ育ち、やがて一九一七年にパリへ出てまもなく、一九二〇年代前半に、近代建築運動の突出した若きリーダーとして、フランス国内だけでなく世界中から注目されるようになるまでの、約四半世紀の間の、彼の半生記として書かれた部分である。彼がスイスの小都市の美術学校で、最初、代々の家業である時計装飾家を目指して勉学を開始し、そこにいた慧眼の一教師に助言されてやがて建築家になるべく方向転換し、混乱する第一次大戦後のパリで、二十世紀の工業社会における、幾何学的でプライマリーな建築のデザインの無限の可能性を見出すまでの自伝的回顧録である。ル・コルビュジエはその「告白」の冒頭で、彼の過去の勉学や修業を知っている友人から、次のようなことを忠告された、と書き出している。

「君（ル・コルビュジエ）は結局結論として装飾芸術を否定した。なるほど君の設計した建築にはいわゆる装飾芸術なるものが全く姿を消している。（中略）彼は理論で固まっている。彼の心臓は乾き切っている。彼はその理性の筆をとって、情感のうごきとそれを体現して永遠性を与えるいろいろな芸術を抹殺することを快しとするのだ——などと。[33]」

その友人（つまりもう一人のコル）がいうには、君はそうした一つの結論に到達する前に、装飾芸術の研究に真剣に没頭した時期もあったわけだし、あらゆる表現芸術に対して深い共感を持ち、それへ愛情と敬意を払うことを怠らなかった。その幸福感に包まれつつ重ねてきた日々のことを、読者に知らせないままに、ただ単に無機的な幾何学に奉仕するだけの、偏狭な《モダニスト》と誤解されたままで本当にかまわないのか、もっと積極的に、自分がそうなった過程を、読者に理解してもらう必要があるのではないか、と。かくしてル・コルビュジエの、「告白」と題した自伝風〈弁明〉が開始され、「告白」全体を三章に分けて、回想が展開し始める。第一章ではスイスの時計生産の小都市、ラ・ショー＝ド＝フォンの美術学校時代における、まさしく装飾修業とでも呼ぶべき日々を。第二章では、ヨーロッパ各地の美術館、博物館などでの、主に民俗芸術の学習について語り、またフランスのオーギュスト・ペレ等の、先駆的な近代建築家のもとでの修業について書いている。

第三章では、理知的で、合理的な、古代以来の地中海芸術への出会いと、それへの深い共感と、アテネのパルテノン神殿を見たことによる彼自身の大きな建築美学上の転回のことと、第一次大戦後、故郷の町を離れてパリに出た直後の、アメデ・オーザンファンとの出会いから生まれる、「新精神」の建築の予言と誕生まで、という構成である。

この三章のうちで、ル・コルビュジエが、最も熱を入れて書いているように私に思えるのは、第一章である。ラ・ショー＝ド＝フォン美術学校の若き教師であり、画家でもあり、またル・コルビュジエが入学時に自分の将来の仕事であると考えていたと思われる、時計関係の装飾デザイナーとしての道ではなく、「建築家を目指せ」、と重要な指示を出し、コルのその後の生涯に決定的転回を齎《もたら》したといわれる、シャルル・レプラトゥニエ(34)という名前の、若くて情熱的な学校長の独特の教育観について回想している。それとともに、スイスのジュラ山脈の自然の中で送った、実に楽しげな生き生きとした学生生活が懐かしそうに描き出されている。

「さて、私の先生は――彼は師匠としてすぐれた人であったが――完全なる自然人であった。そして私たち生徒を自然人として育て上げた。したがって私の幼時は多くの友だちと共に自然の懐ろに抱かれて過された。（中略）青年時代は倦くことを知らぬ好奇の時代だ。私は一輪の花の内も外も究めつくし、鳥の形や色を調べ、いかにして種が発芽し、またいかにして樹木が嵐に倒されないかを理解した。

私に先生は言った。『ただ自然のみが人間に霊感を与えるのだ。自然のみが真だ。そして自然のみが人間の仕事の最後の支えである。（中略）自然をめぐる因果を学べ、そして形を探り、生命の進展を究めよ。そこから自然を総合して、装飾（ornaments）を創造せよ』と。彼は小宇宙ともいうべき装飾に対する崇高な観念をもっていた。[35]」

明らかにこの「自然」に対する考え方や、特に「装飾」という創造行為への「崇高な観念」といったものには、先に見たジョン・ラスキンの装飾についての考え方からの強い影響があった結果であることを見出すことができる。ラスキンは、「装飾は建築の主要部分である[36]」という、あきらかに反古典主義的な命題を掲げて、装飾が、建築を造る（建設する）者と、受け取る側（利用者）との間の、内的〈交流〉を成立させるための重要な契機となるものであり、同時にそれが、単なる物質（もの）の構成体にすぎない建物（building）を、他でもない建築（architecture）へと昇華させるのだ、とも力説したのである。事実、ル・コルビュジエが一九〇七年、研修のための最初の外国旅行として、トスカナ地方などのイタリア半島の北の部分を旅行した時に、彼が残した無数の中世建築の装飾的ディテールのスケッチは、まさにラスキンの著作の中に収められた彼のスケッチに酷似しており、またそれに負けないような緻密さや精細さを見ることができる。おそらくこうしたスケッチをコルが描いたのは、そのころヨーロッパ中にいた熱烈な〝ラスキニアン〟の、他でもない一人であったと思われる師、レプラトゥニエの指示、つまり中世期の建築の装飾的ディテールをよく研究してくるように、という指示があった結果であったに違いない。

「十年の間、私たちは祖国に捧げる讃歌をうたい続けた。私の師は言った。『家をやり直そう。そして今は失われた美しい技能《メチエ》を取り戻そう』。私たち二十人ぐらいの者は、それぞれ石彫家、木彫家、製陶師、モザイク師、ガラス細工師、真鍮金具師、金属彫刻家、彫印師、金具商、宝石細工師、フレスコ師等々に志を立てた。なんという連中だったろう！
素晴しい生きる喜び！全的な信念！(37)」

ここに書かれているのは、ジョン・ラスキンというよりもむしろ、ラスキンを師、先導者として心から敬愛し、彼の発言をデザイナーとして確実に実践し、後に《アーツ・アンド・クラフツ》運動と呼ばれたような、若いアーティストや、デザイナーや、建築家たちが繰り広げたデザイン運動の、いわば〈核〉となる位置に立っていた、ウィリアム・モリス(38)の言動と行動を髣髴とさせるものがある。いいかえれば、ル・コルビュジエは、スイス版、《アーツ・アンド・クラフツ》運動の真只中にいて、「素晴らしい生きる喜び！」を、日々実感しながら、自らの青春を謳歌していたのである。ここにはまだどこにも、後の「白い箱」に窮屈そうに身体を包みこんだル・コルビュジエは居なかったのだ。と同時に、彼は後で述べるように、早くも一九三〇年代に入ると、この「白い箱」を脱ぎ捨て去って、「すばらしい生きる喜び」の世界へ、すばやく立ち戻ってくることになる。

「民俗に鍛え抜かれたもの」の魅力

「告白」第二章でのル・コルビュジエは、一九〇八年、故郷の町から旅に出て、パリに行き、そこで誰よりも早く、鉄筋コンクリート構造を建築設計に取り入れていたオーギュスト・ペレ(39)の事務所に入る。その当時の彼の博物館、美術館への「愛好癖」を聞いたペレは、彼に向ってこう言い放ったという。「もし私にそれだけの暇があるならば、私は数学を研究する。なぜならば数学は私たちの精神を形造るからだ。」と。そこからコルは「構造に対する情熱を持つ」ようになり、パリのノートルダム寺院をつぶさに調べ、「ゴシックこそは構造の勝利と、造形の敗北の記念塔」だ、という結論に至る。さらに続く「告白第三章」は、彼がラスキン流の《中世主義》的な装飾中心観から遂に離脱して、全く逆サイドの美学といえる、「地中海を巡る国々の芸術」が育んだ、いわゆる《古典主義》の建築美学に目を啓かされていく過程の物語である。ここでも旅(「オリエントへの旅」)が深い関りをみせている。

「建築は光線の中における巨大なフォルムの芸術であり、建築こそは精神を表現する一つの系である。

建築は装飾に何の関わりもない。時代の保障によって価値づけられた、難しい、そして、壮大な大作品も、もちろん建築であろうが、賎《しず》が伏屋も、そこに数学的均衡を満足するような幾何学性を持ってさえいれば、また一つの立派な建築となり得るのである。」

「われわれの情感を揺り動かすものは、水平または垂直の、直截な平衡のうちに集合され、統合された形の複合体――つまり建築――であるか、あるいは長い年月、民俗に鍛えぬかれた人間の普遍の声、一つの思考形式を表わす労作の、いずれかである。[40]」

ル・コルビュジエの場合もまた建築家として、《古典主義》という様式変遷史としての〝表通り〟の歴史の《時間》軸の中に位置しながら、それを過去から現在に向かって貫いて流れている強力な美学を、ここで遂に手にとって、建築家としての自分の強力な武器とした。しかしそれと同時に、建築の歴史が持つ、もう一つの座標軸に位置する、《ヴァナキュラリズム》の建築（彼のいう「賤《しず》が伏屋《ふせや》」の系譜）にも、すでにこの頃から、否、彼がいまだスイスの山奥の小都市に住む一青年として設計活動を始めた頃から、一貫して注目していたことにも注目しなければならないだろう。事実彼が、ラ・ショー＝ド＝フォンにおいて、一九一〇年前後に、やや彼より年上の建築家、ルネ・シャパラの技術的な経験をたよりに、彼が装飾などのデザインを主に担当して建てた、「ファレ邸」(1907)、「ストッツェル邸」(1908) などの一連の初期住宅のデザインには、アール・ヌーヴォーの装飾的細部の他に、スイスの伝統的な民家からのシルエットや素材の処理法などの影響を、色濃く感

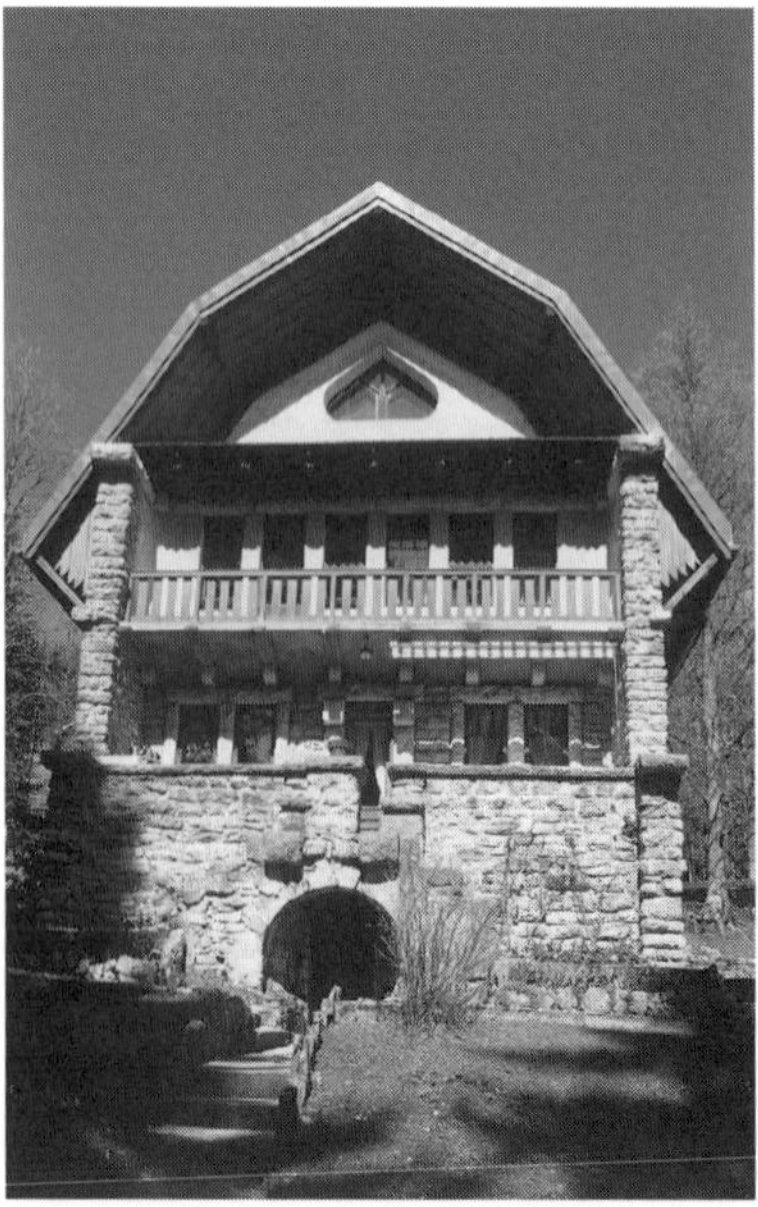
ストッツェル邸（1908）

じ取ることができる。

先の文章に続けて彼はこうも書いている。

「民俗学はわれわれに『悠久の生命を有する行為は真面目であり、条件付けられて生み出され、長い間の同じような努力の積み重ねである』ということを教える。また『いかにして個人というものが集団の中に融合し、集団はまたいかに個人をその中に養い育てるか、また崇高な偉大なる精神の庇護のもとにおいて、集団が個人に精気を与えるか』ということを教える。そこには美しい詩を作り、よい道具を作る願いはあっても、気紛れな悪ふざけをする余地はないのである。そしてこの二つの場合において、科学と純情とが見張っている。[41]」

ここでル・コルビュジエが、「悠久の生命を有する行為は真面目であり」、「気まぐれな悪ふざけをする余地はない」ものとして上げている対象は、ラスキンやモリスたちもまた賛美してやまなかったような、いわゆる「民衆の芸術」としての工芸などのことを直接的には言っているが、しかし同じことは、「民俗の建築」、つまり私たちの、《ヴァナキュラー建築》、についての記述としても、十分読むことができる内容である。

ル・コルビュジエは、一九二〇年代から三〇年代初頭にいたる約十年間において、まさしく彼の〝疾風怒濤〟時代、つまり近代合理主義の理念に基づく、〈四角く、白く、平坦な建築〉という外面的様相を特徴とする、「水平または垂直の、直截な平衡のうちに集合され統合された、形の複合体」

としての《新建築》を必死に追求して行った。しかしやがてそれも一九三〇年代の声を聞くようになると、彼自身が両手に摑んでいた建築の二つの座標軸のもう一方に握っていたもの、例の「賎が伏屋」と彼が呼んだような建築のデザインへの関心を強めるようになり、建築デザインもそちらへと強く傾斜し始めていくことになる。

この彼の一九三〇年代に特有の作品の風貌は、例えば二〇年代に、近代建築のデザインの要点《ポワン》（point）として上げた「五つのポワン」の内で、彼が冒頭に掲げた要点であった「ピロティ」などは中心的な役柄から外れ、その地域に特有な石材などの素材を荒々しく乱積みにして積み上げて構造壁とし、むしろ逆に建築が地面の下から〈生え出た〉かのような風情を特徴とする。その上の屋根は、これも要点の一つである「平坦な屋根」などではなく、必ず勾配のある屋根を架け、結果として、それらの作品は、一見〝田舎家風〟の外観を与えられている。たとえば「マンドロー夫人の別荘」(1930)や、「マテの家」(1935)、さらには惜しくも実現しなかったが、南米チリーの太平洋岸に計画された「エラズリス邸」(1930)などの、まさしくル・コルビュジエの《ヴァナキュラリズム建築》への回帰と呼びたくなるような、彼の一連の幾何学主義の建築とはまた別な魅力にあふれる建築作品が、三〇年代以降次々と登場し、最終的には、ロンシャンの例の教会堂へと到達するのである。

目敏いレーモンドの作品

中でも、最後に上げた「エラズリス邸」の場合では、ル・コルビュジエ自身の作品としてはこの設計はついに実現することはなく終わったが、前川國男が日本に帰国した後すぐに就職して働いていた設計事務所の所長であったアントニン・レーモンドが、[42]一九三三年に軽井沢に建てた「夏の家」の一部として、酷似した立面と平面を見せながら実現した事実は、今ではよく知られている通りである。レーモンドが、「夏の家」の居間部分に、「エラズリス邸」の居間の平面や、断面、それに一部の構造的表現も、「翻案」（ほとんど剽窃といえなくもない）して取り入れた設計を実現し、それを雑誌上（『国際建築』）で見て知ったル・コルビュジエが、格別挨拶もなかった、と激怒して、レーモンドに手紙で抗議したが、結局一九三五年、二人は和解したという、今の時代からすると、かなりスリリングな逸話が、レーモンドの『自伝』の中に残されている。[43]

しかしこうしたきわどい経緯があったとしても、レーモンドにとってこの「夏の家」は、その後に続く、彼の建築設計の〝トレードマーク〟のような物にまで昇華された一連のデザイン、つまり丸太の樹皮を剥き、製材しないで、それを磨いた状態で、荒々しく柱梁として組み上げ、その構造体を室内で隠さずに露出するという、文字通りラスティックでヴァナキュラーな空間経験を約束する建築デザインのことであるが、この「夏の家」は、そうした系列のデザインへの貴重な第一歩を印す、記念碑的作品となったのだ。やほりレーモンドは、ル・コルビュジエの寛容さに、心から感謝すべきであったということができるだろう。

別ないい方をすれば、ル・コルビュジエの《ヴァナキュラリズム》建築の系譜が、このレーモンドの「夏の家」を通して、日本へ確実に導入されたことを、この刺激的な訴訟などにはならなかった〝事件〟は図らずも示している。そのレーモンドの事務所に、フランスから帰った直後の一九三〇（昭和五）年から、一九三五（昭和十）年の独立までの五年間在籍した前川國男が、この二人の建築家のやり取りにどの程度関わり、調整していたかは今となっては不明だが、少なくとも当時のコルとレーモンドの関係をすぐ傍で見聞きしていたはずだという事実を、私たちもここで一応記憶に留めておく必要があるだろう。というのも、前川が一九四二（昭和十七）年、大崎に建てた「自邸」には、レーモンドの「夏の家」の場合ほど直接的な〝写し〟、「翻案」はなかったが、そこには明らかにル・コルビュジエの《ヴァナキュラリズム》手法への参照が、設計者である前川と、実際にこの図面を書いたといわれる、レーモンド事務所から前川の所へ移ってきた所員である崎谷小三郎の二人の間にあったと推測されるからである。(44)

つまり前川としては、自分がル・コルビュジエのもとで学んだことは紛れのない事実であったとしても、単純に〈四角く、白く、平坦な〉コルの箱型建築の習得を目ざしただけではなく、彼がもう片方の手に固く握りしめていたヴァナキュラーなものへの関心をも含めて、一人の建築家の〈もののの造り方〉を総合的に学んできたのだ、とこの作品を通して言いたかったにちがいない。前川を囲む、急進的で、やや固陋ともいえる近代主義者たちが熱望したような、〈四角く、白く、平坦な〉形態の「前川自邸」を建てようとするような意志は、少なくとも一九四〇年前後の時点の前川にはなかったという、多くの人たちが、なぜかそれほど真剣に考え、その真意を読み解こうとしなかった、ある種の〝メッセージ〟がそこに塗り込められていたのである。

師の許で本当に学びたかったこと

ここまでくれば、改めていうまでもないかもしれないが、戦後の前川が、ある時はジョン・ラスキンが建築の「真実」にこだわる独特の倫理感について賛意を表明し、さらにはル・コルビュジエの「告白」のなかに示された、「新精神」へといたる若者らしい波瀾に満ちた造形遍歴への、深い感動と共感を語っているのを読む時に、私たちが注意しなければならないのは、次の点であろう。つまり、私たち読者としては、それらの文章や言葉の中の、どこに《モダニズム》建築との直接的関連があるかを、必死に探し求めて読もうとしたり、あるいは工業化社会の進展の中での近代的な合理主義を追求するために、こうした倫理観や遍歴が前川にどのような意味を持っていたか、といった視点から無理に読もうとしても、実はあまり大きな成果は期待できない、ということなのだ。

結論を先にするならば、前川がこれらの文章を通して私たちにしきりに告げようとしていたのは、自分は確かに《モダニスト》として最も注目されていた頃のル・コルビュジエの下に修業に出かけて、その薫陶を直接受けたことは紛れもない事実だが、しかし実はその《モダニズム》建築そのものの習得を究極の目的としてそこに行き、その《モダニズム》のエッセンスを自分の身に付けて帰ってきて、それを日本で広めることを第一の責務として考えていたわけでは決してなかったのだ、という所にあったのである。

一人の建築家が、「告白」のなかで赤裸々に語っているように、さまざまに悩みながら、二十代の青春の荒海に船出して、やがて「大颱風の岬を廻」わり、「そして三十歳となる時、人は嵐の岬を廻った者も、廻らぬ者も、どこか、一応は平穏な港に着く。[45]」と、先の「告白」の最後の部分で回想する若い建築家（コル）に目を輝かしながら、同時に彼が、時代が希求する「真実のランプ」を点した建築を真剣に追い求めて成長していく姿にも他方で感動し、その結果、自分はル・コルビュジエの門を敲いたのだ、と前川自身もまた私たちに「告白」しようと試みていたのではなかったか。だから前川が、ル・コルビュジエの事務所で過ごした二年間は、《モダニスト》としてのル・コルビュジエはもちろんだが、かつて装飾に没頭して研究していた彼も、《ヴァナキュラリスト》としての彼も、また一日の半分は設計室から姿を消して、アトリエに一人籠って絵を描いている紛れもないアーティストとしての彼も、そのすべてをつぶさに見つめ、それらすべてを、ル・コルビュジエという一人の建築家のトータルな人間像として結像させ、そこから卓越した創造者として《存在》の、あるいは確固とした彼の《自己》性の根源である、燃え盛るような〝火〟を譲り受けて帰ってきたのだ、と言おうとしていたのに違いない。

前川が日本に帰った頃と、その後

しかしそうはいうものの、前川が二年間の修業を終え、ル・コルビュジエの、パリ、セーヴル通り三五にあった彼の設計事務所を辞し、一九三〇（昭和五）年、帰国した当時の日本の建築界は、前川のそうした総合的なコルビュジエ像などにおそらく興味を示そうとはしていなかったにちがいない。日本の若い建築家やジャーナリスト達は『建築へ』の中で鋭く示されていたような、あくまでも、近代合理主義の尖兵＝ル・コルビュジエ、という側面にのみ焦点を合わせて議論をしようと待ちかまえていたはずであったし、コルはその側面でこそ、建築界に限らず、広く思想界に大人気の真最中であったからである。特に、宮崎謙三訳による『建築芸術へ』（構成社書房版）が一九二九（昭和四）年に出版され、いわばそれが「新建築」の〝バイブル〟のごとき書物として、評論家や建築家や学生たちによって貪るように読まれ、議論されていた時期であったから、前川が仮に心の中で、総合的なル・コルビュジエ像を日本の建築界に伝え、定着させようとしていたとしても、そうした前川の内心は届くはずもない情勢であったのである。

そうした状況の中で前川は、ル・コルビュジエから学んだはずの、「嵐の岬」を必死の思いで廻り込んだ一人の建築家の柔軟でしたたかな《自己》性や、そこに発する強靭な想像力の多面性、といったことを日本の建築家たちに伝達する、という困難な作業を試みる前に、まずはとりあえずといった形で、最先端の《モダニズム》建築の唱道者であるル・コルビュジエの〝弟子〟として、師から分ち与えられた近代合理主義の〝火〟を持ち帰った若く意欲的な伝道師としての役柄を演じ始めたのだ。これは彼としても止むを得ない選択であったと同時に、受け取る側（日本の建築界や思想界）にとっても、至極飲み込み易かったはずである。この場合の〝火〟は、先の建築家ル・コルビュジエの《存在》の根源にある〝火〟のやはり一部分を成すものであり、それが当時最も熱く光彩を放っていた部分であったとしても、その〈全体〉ではないことは前川も十分に心得ていたはずであったけれども、それを受け入れる側の日本の建築界は、そのことを意に介さなかったし、むしろ飲みこみ易さという点で、その方が歓迎されさえしたのである。

かくして前川國男は、一九三〇（昭和五）年から一九三五（昭和十）年にかけてのレーモンド事務所時代と、彼がレーモンドから独立して設計事務所を構えた一九三五年から日米戦争が始まる前の一九四〇（昭和十五）年頃までのほぼ十年間を、ル・コルビュジエ流の近代合理主義建築、つまり主に鉄筋コンクリート・ラーメン構造による、「四角く、白く、平坦な」形態を持ち、内部の平面計画上では空間的連続性を特徴とし、室内の中心として上下二層分の吹抜けの空間を持つような、一九二〇年代のル・コルビュジエの建築デザインの〝伝道師〟としての設計活動と発言を、ナショナリズムの側からの目に見えない圧迫に怯えながらも、繰りひろげていったのである。その当時の作品としては、レーモンド時代に所員として深く関わったとされる「フランス大使館」(1930)、「日本鋼材事務所」(1932)、「相馬子爵邸計画案」(1932)、「川崎守之助邸」(1934)、「赤星邸」(1934)などがあり、同時にまだ独立前だったが、前川が自分自身の仕事として設計し、自分の名前を設計者として掲げて発表した最初の、二七歳の時の作品で、弘前市に現在もほと

森永キャンデーストア銀座売店（1935）

んどオリジナルの状態を保って残っている「木村産業研究所」(1932) などがあった。独立後には「森永キャンデーストア銀座売店」(1935) に始まり、「パリ万国博覧会日本館コンペ案」(1936)、「富士通信機製造工場コンペ案」(1937) などの《モダニズム》の香り高い作品が続き、最後にいわば一つの時代を締め括ると同時に、戦時下という混乱の季節の作品の始まりを告げる作品として、東大大学院を修了して前川事務所に入所したばかりの丹下健三が設計担当を務めたといわれる「岸記念体育会館」(1940) が、御茶ノ水の聖《ひじり》橋の袂《たもと》に完成した。

これらの作品にはたしかに、近代合理主義建築を目前の標的として追求していた一九二〇年代のル・コルビュジエが設計した一連の作品の影響を色濃く映しているものであり、特に前川の事実上の処女作ともいうべき、弘前の「木村産業研究所」は、「四角く、白く、平坦な」といった初期ル・コルビュジエの作品の特徴を的確に伝えた記念碑的な作品であったといえよう。前川は、こうした作品群を抱えながら、やがて太平洋を挟む日米が悲劇的な大戦に突入するとともに、日本の社会全体に高揚したナショナリズムの波に乗りながら、当時

パリ万国博覧会日本館コンペ案 (1936)

の日本の建築界に跋扈していた国粋主義的な建築デザインの横行に眉を顰めながらも耐え忍び、いわば雌伏して、近い将来の合理主義建築思想の普及のための〝隠れ伝道師〟としての立場で戦時下を過ごし、ようやく日本の敗戦によって、建築的ナショナリズムが一気に色褪せ後退するなか、息を吹き返したCIAM流のインターナショナリズムの建築思想とともに、文字通り「闘将」としての目覚しい活躍を再開した……、というのが、戦後の一九五〇年代から六〇年代にかけて決定的になっていった前川「闘将」伝説の骨子であったように思われる。

しかし最近になって、果たして前川の〈戦前〉↓〈戦中〉↓〈戦後〉という時間の経過を、この種の首尾一貫した《モダニズム》思想によって、いわば〝串刺し〟にした図式で考えていいかどうかという議論が、にわかにやかましくなってきているように思われる。特に戦時中の前川の発言をめぐってそうした議論が闘わされ、その最たるものは、前川の大戦中の発言や文章のいくつかを具体的に引用しつつ、これまでどちらかといえば左翼的な建築観の持ち主として語られることの多かった前川國男は、戦中の混乱期において、実は逆に右翼思想の喧伝者に近い発言をしているのではないか、といった指摘、糾弾が公然と行われるようになり、一部で、とくに前川シンパの間で、そのことが物議を引き起こしているとも聞いている。(46)

「覚え書　建築の伝統と創造について」

前川は、一九四二(昭和十七)年に、建築学会の機関誌『建築雑誌』十二月号に、「覚書　建築の伝統と創造について」(47)と題したかなり長い論文を発表し、冒頭で、戦時下の建築家が、「形とか意匠とか絵空事とそしられかねない事柄に彫身鏤骨の精根を注ぐということは何故なのであろうか」と自問しながら書き綴っている。これは建築家が戦時下においても、形や、色や、空間といった問題にこだわり、悩んでいるのはなぜか、という重要な点についての真摯な弁明を、他でもない〈国家〉の為政者に対して試みた、まさに時局がらみのエッセイであった。「いうまでもなく国家の存立は、その根底において文化の確立に依存し、文化はその本質において、歴史的人間の形成的な表現であるといわれる限りにおいて、建築文化の問題は必然的に、その形、表現、ひいては様式問題に帰着せざるを得ないからである」と続け、本論に入っていく。

前川は、「政治は……内に凝縮せんとする求心力である。文化は世界性において世界に拡散せんとする遠心力である」といい、「国家存立はその根底において、常に文化の支持を必須とすることは明瞭であろう」とまず前置きして、その「文化」とは、「人間を囲繞する素材的な環境の呼びかけによって、その内面に成立した理念によりて逆に環境に働きかけ、その理念を形成的に表現していくところに成立する」ものだが、「しかも文化とは、あらゆる意味において、人間に作られたる物として、『形』の問題を離れ得ないとすれば、大東亜戦のまっただ中に、建築家が前線将士に劣らぬ厳しさをもって、建築の『形』を思い、『伝統』を語り、『創造』を論ずるのは当然必至の責務でなければならない」と、自分たち建築家が戦時下にもかかわらず、「形」や「色」に深くこだわっている立場を自ら擁護している。

この「伝統」と、「創造」の関係については、彼は次のように説明する。

「すなわち伝統とは、創造への伝統であり、創造とは、伝統よりの創造であり、両者は歴史的現在を成立せしむる対立契機であり、連関項であり、この連関項としての関係を離れ、伝統とか創造とかが各々それ自体において独立にとらえられるや否や、両者はともに抽象的伝統と、また抽象的創造として、一つは保守頑迷の迷路に、他は新奇流行の偏奇に逸脱せざるを得ないのである。[48]」

ここで前川が、「抽象的伝統」と、「抽象的創造」というのは、一九三〇年代前半から一九四〇年代前半にかけての日本の建築界において、大きく二つの勢力に分かれて対立していた建築デザイン上の傾向のことを指している。つまり一方には、その一部が「帝冠式」と呼ばれたりした、日本および東洋の過去の建築様式から採った様式構成や装飾的細部を、近代的構造の建物の上に勾配を持つ屋根とともに被せたような擬古的な一連の建築デザインがあり、他方にはこれと鋭い対立関係にあった、欧米の国際主義的な建築運動の中から生まれた近代合理主義建築のデザインがあったが、前川は、その二つはいずれも論理的、もしくは科学的に理論化され抽象化されたもの、つまり「抽象的伝統」、「抽象的創造」であって、自分としてはそのいずれも採らないとした後、なぜならそこに「伝統」や「創造」を力強く引き寄せるような「歴史的現在」としての建築家の存在が看取できないからだ、と的確に核心を衝いた論を展開している。というのも、「人間の内奥に呼びさまされ形づくられた理念と、かかる表現的環境の形づくる伝統とは、一つは未来に自由に働かんとする意志となり、一つはその自由を束縛せんとする繋ぎになって、この矛盾の統一として歴史的現在が成立し、ここにその創造の担い手としての技術的身体が登場」して初めて建築が生み出されるからだとした。ここで言われている、「伝統」や「創造」を担う「技術的身体」とは、まさしく建築家の存在そのものを指している。つまり前川は、一人の建築家として、単に〈過去〉の建築様式の美的な完結性や完全性に憧れて、マニアックな〝歴史漁り〟に明け暮れする、「過去渉猟者」となろうとしているわけでもなく、また逆に、科学技術の進展が約束するような〈未来〉の建築様式の、多様で無限な可能性の世界を単純に夢見て彷徨する「未来夢想者」を目指すわけでもない。自分はそのどちらでもなく、〈過去〉と〈未来〉を右と左の両手にしっかりと摑みとり、〈現在〉(前川の言葉を使えば「歴史的現在」)を生きる「技術的身体」として、生きているのだ、と宣言しているのだ。

前川の、〈現在〉主義

前川のこうした言葉を改めて読んでいると、私は何とも表現しにくい不思議な感覚、ある種の既視感とでも呼ぶことのできるようなものに襲われずにはいられなくなる。それと同時に、自分がある時期まで、前川國男という建築家を位置づける時に、あるいは犯していたかもしれない錯誤について、ここで改めて考えずにはいられなくなるのである。

最初は、その「既視感」についてだが、前川が三七歳であった一九四二年に書いたこの「覚え書」を読んでいると、私はなぜか、建築家村野藤吾が、一九一九(大正八)年、二八歳の時に雑誌に発表した、「様式の上にあれ」、と題した一編の論文のことを、どうしても思い起こさずにはいられなくなってくる。(49) 村野はその長い論文の最初の部分に、「私は厳格なるプレゼンチストである。現在に生の享楽を実感する現在主義者われらに、過去と未来の建築様式を与えんとすることは不必要である、むしろ罪悪である」、と自分の立場をはっきりと規定した後、自分は過去様式への憧憬に駆られる〈過去主義者〉でもなく、逆にニューヨークの「スカイスクレーパー」の姿に将来の建築の可能性を見て感動するような〈未来主義者〉でもない。自分は、「念々刹那」つまり、瞬間、瞬間の、「現在」に生きる厳格な〈現在主義者〉であり、自分自身の〈過去〉と〈未来〉を引き受けながら〈現在〉に実存する立場を背負って、これからの設計活動を繰り広げて行きたい、といった内容のことを、ベルグソンや有島武郎の言説から影響を受けながら明確に宣言し、事実、建築家村野藤吾は、その後の実に半世紀を超える長い設計活動において、その基本的なスタンスを決して崩すことなく、建築家としての生涯を全うした。

ある時期までの私は、日本の近代建築史や近代建築の評論を書く上で、村野藤吾と前川國男という、年齢的に一回り以上（十四歳）の違いがあるこの二人の建築家を、ほとんどの場合、対比的に取り上げて論じてきた。冒頭でも触れたように、村野がある意味で《大正建築》の「申し子」であったとすれば、前川は「鬼っ子」であった、というように理解し、両者の建築家としての最も大きな違いは、村野が自分自身で規定したように厳格な〈現在主義者〉であろうと心がけたのに対して、前川は対照的に、合理主義的な〈未来主義者〉として一貫して進んできた建築家だ、と説明してきたのだ。

しかしもし前川が、一九四二年のこの「覚え書」の中で書いているように、そうした言葉は使わなかったとしても、彼もまた村野の場合と同じように、〈現在主義者〉として、自分の建築家としての行動を律しようとしていたのが事実だったとするならば、おそらく私自身が『神殿か獄舎か』の中で図式化したような前川國男像は、成立しなくなるだろう。同時にもしそうだとすれば前川が、ル・コルビュジエ直伝ともいうべき近代合理主義建築論の「伝道者」として、つまり〈未来主義者〉の衣を身につけて活動した時間は、私を含めてこれまでの多くの近代建築史の研究者たちが考えていたよりも、はるかに短い期間、厳密にいえば、日本に帰ってきた一九三〇（昭和五）年から、太平洋戦争の始まる直前の一九四〇（昭和十五）年あたりまでの、せいぜい十年余の間に限定されていくことになるかもしれないのである。

少なくともこの「覚え書」を書いた時点での前川は、ル・コルビュジエ流の「四角く、白く、平坦な」《合理主義建築》が、（コルが二十年代に書いた『建築へ』の中で強く暗示しているような）、決定的な〈未来〉、つまり建築史の最終的な到達点だとか、様式的変遷の最終的な止揚、といったものではないことを、前川國男はすでに十分に悟っており、その虚偽を見抜いていたようにも思えてくるのだ。なぜなら前川はここで、一方で「日本趣味的擬古主義」を切りつけたのと同じ刀を返して、他方で、「構造主義的建築」、つまりいわゆる《モダニズム》、「新建築」をも、同じような激しさで切り捨てているからである。

「近代的理性は具体的な物の見方を素通りして、いきなり抽象的、理論的な把握に突入しやすき心情を養った。近世の原子論的世界観はまた抽象的な国家主義、鎖国的な国粋主義の温床であり、同時に抽象的なコスモポリタニズムへの立脚点ともなる。われわれはいまやかくのごとき独断的観念論の立場にも、抽象的な国際主義的立場にも立つことはできない。[50]」

もしや「申し子」ではなかったのか

要するに前川はここで、たとえ今日本が風雲急を告げる戦乱の最中にあるとしても、建築家は、「建築の『形』を思い、『伝統』を語り、『創造』を論じる」ことを通して、創作者としての主体性を手放すわけにはいかない、いいかえれば〈現在主義者〉としての「技術的身体」の実存性を手放すわけにはいかないのだ、と権力に向かって控えめに言い、同時に日本の若い建築家たちを密かに奮い立たせようとしている、と読み解くことができるのだ。たしかにこの「覚え書」の中には、権力の側からの威圧的な目が光っている中で書かれた論文であったとはいえ、今読んでみると、たしかに「前川は右翼であったのでは？」と思わず言いたくなってしまうような文言に各所で出会うことになるが、しかしそうした煩雑な、本音の在り場所を官憲の目から隠そうとするために、あえて彼らが喜びそうな修辞が羅列されている中を、慎重に言葉を掻き分けながら読んでいくと、前川の、〈文化〉は〈政治〉とは自ずから別の価値体系にあり、「形とか意匠とか絵空事」の世界（つまり「文化」）と、そうした世界を現出させる表現者の主体性を、国家権力から守ろうと必死になっている姿が朧げながらも浮かび上がってくるのである。

その意味で私は、あまりに単純化した、先にふれたような「前川（戦時下）右翼説」には、とても与する気持ちにはなれない。なぜなら「しかるに文化とは、しばしば述べたように、国家存立の根底の必須なる要素であったとすれば、文化政策によって誤認され、政治の延長と化した文化の代わりに、真実の文化を作らねば国家の存立は危殆に瀕すると言わねばならない」と、前川が「文化政策」を真っ向から批判していたのは確かだからである。こうした前川の文章から、思い出されるのは、この前川論の冒頭で、拙著『神殿か獄舎か』の中で詳しく触れている、大正時代の日本の《表現主義》建築の推進者たちが追い求めていた建築理念が、なぜ昭和に入ると急速に衰え、一種の断絶を見せるかたちで、新たに興ったいわゆる近代工業主義の建築理念に埋没していったか、という点について前川が疑問を呈し、《大正》の建築家たちは、前川たちのような若い世代の建築家や学生たちに、その点について何も伝えなかった、としきりに悔やんでいたあの一九七〇年代の発言についてである。

私は『神殿か獄舎か』の中で、《大正建築》を担った建築家たちは、建築家後藤慶二がまさにそうであったように、建築を設計する者として、何よりも「自己の充実」を追い求め、その「自己」から発する強靭な建築的想像力をもとに、内面から外部へと多彩に建築表現を企てていった人たちであった、と書いている。

前川が、実際に私の本を読んでいたとしたら、自分(前川)も《昭和》という時代には生きてはいたが、《大正》の建築家たちとほとんど変わらぬような、建築家の「現在性」や、「主体性の確立」や、「想像力の活力」を真剣に追い求めてきたつもりだ。にもかかわらず、なぜか彼ら《大正》の建築家たちは、そうした努力の伝達を怠り、逆に「新建築」へと雪崩れ込んで行ったように見えたのは何故なのだ、という苛立つ思いを隠せなかったことに、かなり後になって、前川が亡くなった後になって私は思い当たったのである。と同時に、《昭和》において建築家としての活動を開始した者たちを、十把一絡げに「鬼っ子」呼ばわりするのは、これもまた当たらないのではないか、本当は俺たちも「申し子」としての側面を十分に備えていた、何故それに気付かないのだ、と前川は内心叫びたかったに違いない。

さらにもう一つ、ここで明確にしておきたいと思うのは、前川が近代建築の歴史的位置付けにおいて、これまで広く一般化してきたような、過去のさまざまな様式の連鎖、たとえばロマネスク↓ゴシック↓ルネサンス↓バロック↓ロココ……、といった様式連鎖の図式において、ほとんどの教科書が記述してきたような「積み木型連鎖」の図式を信じていなかったらしい、という点である。というのは、一つずつ様式の「積み木」を時代ごとに積み重ねられていき、二十世紀に入っても、アール・ヌーヴォーから表現主義などと重ねられ、そしていわば「最後の建築様式」として、インターナショナルな《モダニズム》様式と呼ばれる、完璧無比で重厚な「積み木ブロック」を、建築史全体の〝頭部〟のごときものとして最頂部に安置することによって、これまでの無意味な様式変遷を繰り返す建築史は〝大団円〟を迎えて止揚される、つまり様式連鎖を超越するといった、《モダニズム》の側から世界中に強烈に発信され、日本の建築界でも、多くの人々が長い間そのことを信じて疑わなかった、意欲的で、決定論的な歴史観から、前川自身はかなり早い時期において身を引き剥がし、そうしたフィクションから自由になっていたという、ある意味では、意外に思える事実を私たちは晩年の前川から突きつけられるからである。

積み木型の歴史観からの離脱

前川が、もし「積み木」を下（過去）から上（未来）に積み重ねていくような様式史の図式を頭の中に描いておらず、ル・コルビュジエが一時期強調したような、《モダニズム》が、その最終的な〝頭部〟だ、といった歴史観から早々と解放されていたとしたら、一体どんな図式を彼は頭の中に描いていたのだろうか。その点についても「覚え書」の中で、彼は非常に興味深いことを書いているので紹介しておこう。まず彼は、「新しき時代はいかにして生まれ、新しき様式はいかにして生まれて来るのであろうか」と問い、また「新しき時代を作る傾向的必然性はどこから生まれ出ずるであろうか」、と自問した後、次のように書いている。

「時代の成立をもたらした傾向的必然性は、時代の中における、新しき世代と、古き世代の同時的存在に基づくように、歴史的世界は時代の時代と呼ばれる点に、すなわち多数の時代の同時的存在にその動因を持ち、歴史的世界は、このごとき同時性をその表現環境とし、表現世界として、そこからの呼び声として、新しき世界への衝動を自覚するのである。新しき時代が、このいずれの時代に親近性を持つかは、その選択の自由にゆだねられているのである。いずれにせよ最も親近性を持つ過去の時代のうちから、新しき時代の動因としての傾向的必然性は生まれ、過去の様式的伝統のいずこよりか、新しき様式的伝統の萌芽が育つのである。(51)」（傍点引用者）

さらに前川は「創造に際して、いかなる伝統に歴史的地盤を選ぶかは、深く歴史的現在の創造の担い手としての実践的行為者が、いずれの時代、いずれの世界に親近さを感じるかにもとづく、選択の自由がある」として、そうした創造活動に携わる「実践的行為者」、つまりここで言う建築家の、根源的〈自由〉を確約するように求めてもいる。ところで、これらの前川の言葉で非常に興味深いのは、建築様式史は、「積み木」状に、時代順に〈過去〉から〈現在〉に向かって一列に積み上げられ整列しているようなものではなく、〈過去〉は「多数の時代の同時的存在」であり、「歴史的世界は、このごとき同時性をその表現環境とし、表現世界として、そこからの呼び声として、新しき世界への衝動を自覚するのである」のだと書いているのは、きわめて注目される歴史認識であるといえる。この前川の言葉をわかりやすく言い換えるとすれば、建築の時代（様式）は、時系列に並んでいて最終的に〈現在〉に接続しているのではなく、いわば〈現在〉を、取り囲むようにして、あらゆる時代（様式）が「同時的」に存在して、〈現在〉に顔を出しており、この中から建築家は、「最も親近性を持つ過去の時代」を、自分の身体の内奥からやって来る根源的な想像力にしたがって、そこに「新しき様式的伝統の萌芽」があると自分が確信したところから、来るべき《創造》的未来を摑み取る、というのである。そこから、「真の創造は、かくのごとき伝統への沈潜をその唯一の手がかりとすることは明らかになった」とも、結論づけるのである。

束ねたチューブの断面としての〈現在〉

ここで前川が提示している歴史観は、フランスから帰ってきた頃に、彼もまた少なからぬ関わりを持っていたと思われる、「新建築は最終到達点だ」、とする近代建築史観に比べると切れ味の鈍い、古臭く保守的で、十九世紀のヨーロッパの、いわゆる〝折衷主義〟的な歴史観に通ずるものがある、とどこかで感じるとすれば、それはまさにその通りかもしれない。少なくとも十九世紀においては、「多数の過去の時代の現在における同時代的存在」という歴史観は、おそらく正統的なものとして考えられていたはずであり、前川が畏敬する大学の同級生であった谷口吉郎は、早くからそういった歴史観の持ち主であり、その結果として彼は「明治村」といった野外建築博物館を造ることにもなったのだ。また他方では、日本で戦後、建築家大江宏が指摘したような、建築様式の歴史は「混在併存」の状態こそ、正常な歴史の姿なのだ、と喝破したことなどをも想起させる歴史観でもある。(52)また前川の〝師〟であったル・コルビュジエが、一九二〇年代に表向きに表明していた急進的で革新的な歴史観とは異なる、彼があの「告白」のなかにまさに告白していたような、さまざまな経験の中に彼が実感していた本音の歴史観にも、密接につながっていたようにも思えてくる。さらには、ここでの前川の発言は、やはり奇妙な一致として不思議に思えてならないのだが、一九一九(大正八)年、「様式の上にあれ」、と叫んだ時の村野藤吾や、同じ村野が一九三三(昭和八)年、B・タウト来日時の講演会で語った「日本における折衷主義建築の功禍」と題した有名な講演の骨子などと、微妙にオーヴァーラップしていくものがあるが、残念ながらこれについてここで詳しく説明をする余裕はない。

ただはっきりとここで指摘できるのは、前川は、過去のさまざまな建築様式が、各時代ごとにそれぞれのブロックとなって整然と積み重なって、奥(過去)へと遠ざかっていくのではなく、いかなる時代に生まれた様式も、大小強弱の差はあるにせよ、どんな過去の様式も、必ず現在に何らかの形で顔を出しており、それはあたかも大小さまざまなチューブを束ねた歴史という集合管を、〈現在〉という断面で横に切って見せた姿で、私たちの前に立ち現れている…、といった図式の歴史観を持っていたらしい、ということである。その一部には、古代から建っている古典建築があり、さらに中世の建物も、近世のそれもあり、当然一九世紀や近代建築もその一部を占めている、そうした全体を〈歴史〉という城壁や掘割が取り囲み統合しているような都市のイメージとして、その歴史の〈現在〉をモデル化して考えてもいいかもしれない。たとえば戦後すぐに前川が訪ねて、その街の雰囲気にすっかり魅了されたといわれる、ベルギーの古都、ブリュージュなどの都市空間が、現実にそうした状況を示しているように……。

いずれにせよ、前川のこの「覚え書」は、一九四〇年代前半、つまり第二次世界大戦の渦中にあった戦時下の建築界で、前川國男が行ったわずかな建築設計や、さまざまな設計コンペの応募作品の中に示した彼のデザインへのイクスキューズとしては、十分に説得力を発揮しているように思える。当然、前川の一九三〇年代初めの設計活動の開始から、一九八〇年代半ばでの死に至るまでの半世紀にわたる時間を、一貫して《モダニズム》の清廉な使徒であった、と無理にでも考えたい人たちにとっては、おそらくこの戦争中の五〜十年間ほどを、消しがたい前川の経歴上の傷痕のようなものとして感じられるかもしれないが、それはおそらくそう考えようとする側にこそ大きな問題があるのであり、前川側にはないことだと思われる。

逆に前川が「覚え書」の中で示したような内容を、形式化した《モダニズム》史観からの積極的な離脱の試みと、逼迫した戦時下にもかかわらず、「形」や「色」を論じる建築家の、主体性の確立と社会による承認を求める必死の努力として読むならば、すでに一九三七年の「日本万国博覧会建国記念館」のコンペ応募作品あたりに始まり、一九四三年の「在盤谷《バンコク》日本文化会館」のコンペ二等当選案へと至る、どこかで日本建築の伝統的スタイル（たとえば寝殿造）を想起させ、さらに陸屋根ではなく勾配のある大屋根を架けた外観を持つ、この時期の前川の一連の設計が、一部でかつてさかんに糾弾されたように〝戦争犯罪〟的デザインと単純に非難するのは、あたらなくなってくるのではないか。[53] たとえばバンコックの「日本文化会館」の応募案の場合など、建物そのものが持つ侵略的意図や、帝国主義特有の宣伝臭を建物のデザインが帯びている点などは非難されるとしても、たとえばもしその設計通りに彼の地にこの建物が建ち上がっていて、半世紀以上の時間が経った今もそこに残っていたとしたら、私たちは今、前川の初期作品の中の代表作の一つとして、そのデザイン内容を高く評価しているのではないか、と考えずにはいられないし、文化遺産としてその地で大切にされていたかもしれない。つまり建築デザインの内容としては、決して前川の戦後のデザインに見劣りするものではないし、また彼の戦後の設計に繋がっていく要素も少なくなかったのだ。

戦後の前川の作品群

戦後の前川國男の作品群について触れるために残された紙数がごく僅かになってしまった。最後に、「近代建築の闘将」という、戦後になって彼に貼りつけられた強力な〝レッテル〟の下で、前川自身が設計者として自分の設計する建築を通して表現しようとしていたことは何であったかを明らかにして、この稿をとりあえず締め括りたいと思う。

前川國男にとって、戦後世界の訪れは、果たしてどんなものとして映っていたのだろうか。彼に「闘将」のレッテルを貼り付けた側の人たちは、多分こう代弁するだろう。昭和初期において二十代の若者らしい熱意を込めて試みながら、右傾化する日本の社会情勢の中で挫折していた、ル・コルビュジエ直伝の《モダニズム》、とくに彼が一九二〇年代に主唱した建築論を、日本で最初からやり直すために、前川は不屈の闘志で戦後の荒廃した日本で再び立ち上がった、と。少なくとも私が学生時代を送った一九五〇年代以後しばらくは、いわば常識のようなものとして語り継がれていた話は、はたしてそれは本当だったのだろうか。

こうした説が、たとえば終戦直後の坂倉準三の設計について向けられたものであったとしたらあるいは素直に納得できたかもしれない。(54) 彼が一九五一年に鎌倉八幡宮の境内に完成させた「神奈川県立美術館」を想起するならば、まさしく戦前に坂倉が思い描いても実現できなかった(たとえばコルが「サヴォワ邸」で示したような)、幾何学的なプライマリー形態への集約を、一つの美学的理想とする近代合理主義への、再出発宣言としてそれを理解することは容易であろう。

しかしほぼ同じ時期に前川國男が設計した、敗戦直後の資材不足のなかでの仮設的な木造建築であったにもかかわらず注目された「紀伊國屋書店」(1947)や、「慶應病院」(1948)などの他に、戦後前川が初めて本格的に手がけた打放しの鉄筋コンクリート構造の建築である「神奈川県立図書館・音楽堂」(1954)などを考えてみても、ル・コルビュジエが激しい口調で喧伝していた頃の合理主義建築論に直結するようなデザインを、少なくとも立面においては鮮明に見出すことはさほど容易なこととはいえないだろう。少なくともこの時期の前川は、コルが、『建築へ』の中で声高に断定していた、「光の中ではっきり見える」が故に「美しい」というプライマリーな建築形態に自分のデザインをまとめる作業には、さほど熱心だった形跡はない。さらにはまたル・コルビュジエが一九二六年に掲げ、日本ではその権威性を強調するためか、あえて「五原則」と訳されもした、「近代建築の五つのポイント（要点）」のうちの、「ピロティ」や「屋上庭園」はもとより、前川がその実現のために随分頭を悩ませたと公言する「自由なプラン」や「自由なファサード」も、結果的には自分の設計で特別な集中力をもって実現したようには見受けられない。戦後の前川のデザインは、言葉の厳密な意味で、「合理主義（rationalism）」のデザインというよりも、むしろ「機能主義（functionalism）」のデザインにより傾斜しているように見え、そのことは、コルが得意とする「基準線（レ・トラーセ・レギュラトゥーレ）」を縦横に駆使して、よき比率（ratio）

紀伊國屋書店（1947）

を必死に求めるような合理的（rational）なデザイン追求とは、ある意味では対極的な位置にあったといえるように思う。

つまり建築の利用者が求める機能性の重視、具体的にはプラニングにおける動線計画の重視と、その結果得られた平面の輪郭を、合理主義者たちがやるように幾何学的な単純形態に無理矢理閉じ込めたりせずに、上下あるいは水平方向に伸び伸びと展開し、またコルの建築のように内外空間を強く仕切らず、むしろ内外を相互に交流させるようなデザインを目ざしていたといえる。「慶應病院」の空間はまさにそうした手法の成果として伸張感と清潔感にあふれていたことを私は記憶している。さらには前川が戦前の「岸記念体育会館」のファサードの継承だと自ら解説した「紀伊國屋書店(55)」にしても、写真やパースなどでよく知られている、列柱を持つ古典主義風のファサード・デザインの端正な幾何学的表情に人々が魅されたというよりも、実際には表通りから、ペット屋などが雑然と軒を並べるバラック風の路地を通りぬけた先でようやく店内に入り、眼前の吹抜けの高い天井の下の開放的な空間を楽しみ、さらに階段で二階にあがり、今度はバルコニーから下階を見下ろしつつ、また本を探すといった、一連の機能的空間文脈から味わう、まさしく近代的で、清々しい時間経験のほうが、私の「紀伊国屋」の印象として深く記憶に残っている。

テクニカル・アプローチ

さらに《モダニズム》建築のもう一方の柱と考えられる、建築生産の工業化、という試みという点においても、戦後の前川の仕事からは、さほど目立った成果は見出せない、などと私がここで書けば、前川シンパの方々から再び厳しいお叱りを受けることになるだろうか。敗戦直後の鳥取県において、彼が地元企業とともに試みた、「プレモス(PREMOS)」[56](1946)と呼ばれた、木造プレファブ量産住宅の設計と生産。これは、深刻な住宅不足に悩む敗戦直後の日本の社会に向けた近代建築の側から発せられたアピールとして貴重な試みであったことは確かだが、実際には前川が期待したほどには普及せず、各地の炭鉱の仮設的な「労務者住宅」としての利用の域を出ることはなかったという。また、戦後の東京の最初の本格的な近代的オフィスビルとして建築ジャーナリズムなどに注目され、その当時の建築界から熱烈に支持されたといわれる、一九五二年の「日本相互銀行本店」の設計においては、アルミサッシュや軽量PCコンクリートなどの工業化製品をあらゆる部分に使うという試みを積極的に実行し、さらに当時のオフィスビルとしては大スパンの軸組架構体を実現し、その中に「自由な」レイアウトを具体化して注目された。しかし建築に関する工業技術が日本ではまだ十分に成熟していなかったこともあって、かなり前川は苦労したと後に回顧している。たとえば外壁のカーテンウォールは、この設計の一つの目玉として注目されたが、実際にはスタッドからの大量の雨水洩れに悩まされ、結果的に前川は「非常な失敗だった」、「ずいぶん無理なディテールだった」[57]と、反省する破目に陥ったことは、よく知られている通りである。

その辺りでの苦い経験をもとに、建築への「テクニカル・アプローチ」論、つまり新奇な建築の形態や空間をむやみに追い求めるよりも、建築をもっと基礎的な「技術」や「ディテール」において、着実にアプローチし、解決しながら、新しい建築を実現していかなければ、日本の近代建築は真に社会的な定着を得ることはない、と建築家たちに警告するようになる。[58]ただここで注意しておきたいのは、一部の人たちが後に、前川の「テクニカル・アプローチ」という用語は、正確には「テクノロジカル・アプローチ」とすべきだった、と指摘したのは、おそらく前川の真意とは異なるものではなかったかという点である。辞書上の、technologicalという形容詞が、「科学［工業］技術の」という意味の形容詞であり、単なるテクニカル（技術的な）アプローチというよりも、さらに強く「近代工業技術」を前提にした解決手法を、前川は建築設計に求めていたはずだ、という前提に立っての後輩たちの注釈だと思われるが、前川自身は、近代の高度に発達した工業技術だけでなく、それ以前の手工業時代の素朴な「技術」をも含めた、文字通りの「テクニカル・アプローチ」を、原理的に求めた言葉であったと理解しなければ、彼の真意を曲解することになるに違いないと私は危惧する。前川は、これまで繰り返し指摘したように、近代の〈建築生産の工業化〉という方向に、必ずしも諸手を上げて賛同し、そこにバラ色の夢を託していたわけでは決してなかったし、かなり早い時期からその方向への設計者たちの直線的な猪突猛進に、疑問を投げかけてもいたからだ。

さらに一九六〇年代の中頃に設計が始まった、「東京海上ビルディング」(1974)の場合も、前川と《モダニズム》思想の間の微妙な齟齬や亀裂を、結果的に露呈させたケースであったといえる。そそり立つ超高層建築と、その間の広い緑地や太陽の光、人間のための道や広場と、機械を用いる交通体系の分節、といった巨大都市とその中での建築のイメージは、一九二〇年代にル・コルビュジエが、まさしく〝輝かしく〟提唱したものであったが、「東京海上ビル」は、こうした近代の巨大都市と超高層建築の組み合わせの、東京の都心である丸の内での先駆的実験として、計画段階から広く注目されていた計画であった。しかし前川が一九六六（昭和四一）年に東京都に提出した最初の案が、皇居を見下ろす位置に立つビルの軒高が一二七メートルでは高すぎるという点で、行政の側からの強い拒否反応を引き起こし、これをめぐって例の「美観論争」が起こった。[59]行政側（都、国）のこうした〝反近代的な横暴〟に対抗して、建築界全体がまさに一丸となって前川を支持した結果、高さを一〇〇メートル以下に抑える妥協案で落着して工事が始まり、最終的に九九・七メートルの高さのビルが一九七四年に完成した。そのビルの竣工直後、前川が発した、この建物はともかく、超高層建築を街の中で見上げると、「胸につかえるものがある」という発言は、ちょうどその少し前の、「上野の山は目をあけて歩けない」発言とともに、近代建築のリーダーに相応しからぬ後退的言辞として、彼の身近なシンパに限らず、建築界全体を動揺させるに十分な発言となって波紋を広げた。[60]

打放しコンクリートの魅力

前川國男が中心になって日本建築家協会が行ってきた、「職能（profession）としての建築家」、の位置を日本の社会に認知させようとしてきた一連の地道な活動などを別にすれば、二十世紀の第3四半期の日本の建築界で、このような一連の前川の建築デザインや彼の発言の内容からすれば、短絡的に前川を、日本の《モダニズム》建築運動のリーダーとして位置づけ、その神輿を担ぎ続けることには、どこかで無理があったことは否めないところだろう。しかしそれにもかかわらずその「神話」が一九七〇年代に入るまで崩れなかった一つの理由には、少なくとも戦後二十年間は、前川自身にしても、この「闘将」としてのイメージをさほど嫌がるような素振りを表立っては見せず、むしろ逆に、積極的にその「闘将」イメージを自分で背負い、自身にそれを体現しようとしていたような節が、少なからずあったからかもしれない。それと同時に、前川が一九五〇年代から六〇年代にかけて設計した多くの建築には、前にも繰り返し指摘してきたように、例の「四角く、白く、平坦な」合理主義建築のデザインとは、はっきりと一線を画した形であったとしても、彼のデザインを前にする者に、「まさしくこの建築は、近代建築だ」と納得させる何かが用意されていて、そこに「闘将」という呼称にふさわしい、デザイン上のリーダーシップを確認させていたからであった、ともいえよう。その「まさしく」と思わせたデザインこそが、ル・コルビュジエの著作の内の（誰もが賞賛した『建築へ』の中ではなく）、『今日の装飾芸術』の「告白」の中に暗示されていたような〈何か〉や、あるいはまた、ラスキンの『建築の七灯』における一つの「ランプ」が照らし出していたような建築の特質が関係していた〈何か〉なのである。そ

世田谷区民会館（1959）

れをここで一言に要約するとすれば、古今東西のさまざまなヴァナキュラー建築の中に見出すことのできるような、建築の「構造と材料の真実」性であったといえる。

前川を戦後建築界のデザイン上のリーダーとして自他ともに許すようになった、いわば〝黄金時代〟を形成する作品群として上げることができるのは、一九五四年に完成した「神奈川県立図書館・音楽堂」を皮切りにして、その後の十年間ほどの間に造られた、公共建築を中心する一連の作品である。具体的にそれらの作品名を列記すれば、一九五〇年代では「福島県教育会館」(1956)、「弘前市庁舎」(1958)、「晴海高層アパート」(1958)、「世田谷区民会館」(1959)、などであり、そして一九六〇年代に入って「京都会館」(1960)、「学習院大学大教室」(1960)、「東京文化会館」(1961)、「弘前市民会館」(1964)などの、ほぼ同じような手法によって設計された作品である。これらの建築は、いずれも鉄筋コンクリートの構造体を持ち、その骨格を建物の外部と特に内部において利用者に対してはっきりと視覚的に印象づけ、さらにはこれらの躯体が生み出す壁や柱や天井などの表面を、打放し仕上げにした点などに強い共通性をみせている。これらの建築が建設された当時は、生コンクリートを運んでくるミキサー車

世田谷区民会館

などはなく、硬練りのコンクリートの現場打ちが一般的であり、型枠も今のようなパネルは少なく、鉋で削った堰板《せきいた》を貼って作る、まさしく手の痕跡が生々しく残る形のものであった。その結果、堰板をはずした後に出てくる、杢目をうつしたコンクリートの粗々しい表面の肌理が、セメントの肌触りの冷たさではなく、あたかも日本の伝統建築の木の肌目に感じるような、ある種の親しさを近代建築の中に実現した。しかも前川の採用した構造は、福島の「教育会館」や世田谷の「区民会館」などの折版構造を別にすると、ほとんどが「均等ラーメン」の軸構造を基本としており、そのことが近代建築特有の合理性を印象づけたのと同じ程度に、あるいはそれ以上に、日本の一般的な木造建築の柱梁の空間への連続と継承性を見る者に強く印象づけたのだ。

近代の「賎《しず》が伏屋《ふせや》」

ここまで考えてくれば、前川が、ル・コルビュジエ直伝の《近代主義》とは別に、RC造の柱・梁の軸組や、その表面の打放し仕上げ、といった手法を、戦後一時期、特別なこだわりをもって使った理由が、自然に透けて見えてくる。たとえばそれは彼が若い頃に精読したという『建築の七灯』の、「真実の灯」の中でジョン・ラスキンが「建築の虚偽」として厳しく戒めた、「構造ないし支持体を、本当のものとは違ったものに見せかける」ことや、「実際の材料とは、違った材料に見せるために、表面を彩色する」ことなどを、自分は決して犯さない、という前川なりの意志表明のデザインであったともいえる。つまり「構造の真実」の表明には、RC構造体の打放し仕上げは、格好の手法として、前川はいわば「自家薬籠中のもの」としたのである。さらには前川のこうした手法は同時に、ル・

コルビュジエが「告白」の中で、「われわれの情感を揺りうごかすものは、水平または垂直の直截な平衡のうちに集合され統合された形の複合体――つまり建築――であるか、あるいは長い年月民俗に鍛えぬかれた人間の普遍の声……のいずれかである」と書くのと同じように、前川が人々の「情感を動かす」ための、重要な手立てでもあったことは改めていうまでもないだろう。コルが「水平または垂直の直截な平衡」という時には、明らかに古代ギリシャ建築の楣《まぐさ》構造をイメージしていたはずだが、他方で前川は、日本の木造建築の柱梁の構造的組み立てとバランス（平衡）を意識していたはずだし、コルが「民俗に鍛えぬかれた人間の普遍の声」といい、「賎《しず》が伏屋《ふせや》もそこに数学的均衡を満足するような幾何学性を持ってさえいればまた一つの立派な建築となり得る」と、ヴァナキュラーな建築の美学的価値を認知していたのと同じように、前川もまた、脱歴史的な空間性としての、日本の民家などのヴァナキュラー建築からの強い影響を、それらのデザインに表明していたのである。

　前川は、一九三七（昭和十二）年、ある建築雑誌の中で、日中戦争の開始にともなう国家の「総動員」体制の中で、「建築も亦、我等の祖先が木と草とで、或いは紙を加え、漆喰を用いて、雨を凌ぎ、風を防いだ、あの素朴な『日本原理』に従って、我等の技術を神妙に、地道に、衒気もなく駆使して行かねばならぬ」と書いたことは前に紹介したが、まさに近代的で新しい「日本原理」を、約二十年後に彼が設計した作品の中で、鉄筋コンクリート構造の骨格を明確に顕し、打放しの状態で表面を仕上げて即物性を訴える、という独自の手法の中で、「神妙に、地道に、衒気もなく」実現して見せたのである。こうした視点から、戦後の前川の一連の木造建築、たとえば「プレモス」と呼ばれた量産住宅の設計などを考えるにしても、単に建築の工事化、プレファブ化の先駆的試みという、近代主義の視点で評価するだけでなく、それを戦後の混乱した社会における近代的なヴァナキュラー住宅の模索として見る視線を放棄してはならないようにも思えてくる。もちろん同じ時期の「紀伊國屋書店」、「慶應病院」にしても同じである。

民家の屋根裏に潜むような空間

同じような視点で、一九五〇年代から六〇年代半ばにかけての前川作品を振り返って考えた時に、そこに現出している内部空間から、ヴァナキュラー建築とのある種のストレートな類似を感じるのは私だけであろうか。具体的にいえば、日本の民家などにある土間や通り庭などを囲んで立つ柱と、中空を太い梁が飛翔するような空間と、前川が設計するRC造建築の、玄関ホールや居間や営業室などで必ず造る、柱梁が格子状に組み立てられて実現する〈吹抜け空間〉だとか、あるいはまた伝統的な日本の民家の暗い屋根裏の中で見ることのできる、陸梁や束や棟桁や母屋等が交錯する〈小屋組〉の光景に対して、前川のたとえば音楽ホールや集会場などの建築の内部の著しい特徴ともいえる、オーディの客席下の、あたかも屋根裏を思わせるような客溜りの空間が呼応している。この舞台に向かって傾斜する観客席の下に、ホワイエやロビーや、玄関ホール等のための客溜りの場所として設定した具体例としては、たとえば「弘前中央高校講堂」(1954)あたりで始まり、「神奈川県立音楽堂」(1954)でほぼ定式化し、さらに偏心方形屋根ともいえる「学習院大学大教室」(1960)を経て、「京都会館」(1960)のホワイエなどへと展開していく。これらに見られる、隠さずに露出された観客席の床下を構成する水平スラブや梁などの水平材を、登梁と柱列で支持して創りだされた魅力的な逆階段状の空間は、民家の屋根裏などにある、ヴァナキュラーな建築が内蔵している「地道」で「神妙」な空間にどこか酷似しているものがあるように思えてならない。

それと同時に、この時期の前川のヴァナキュラー建築をどこかで連想させる一連のデザインに、少なからず呼応、もしくは影響関係があったと考えられる当時の日本の建築界の動向として、特別の注意を払う必要があるのは、次の点である。それは、前川にも個人的に近い存在であった若き歴史研究者、伊藤ていじを中心とした日本各地の民家と民家集落を実証的に研究する作業と、当時そうした研究とほぼ並行しながら個人的に進められていた写真家、二川幸夫による『日本の民家』と題した精力的な写真集シリーズの刊行である。特に二川が撮影した、勇

神奈川県立音楽堂

壮とも思えるような日本の民家の内部空間の写真と、前川の建築の打放しの構造をむき出しにしたインテリア空間との間には、強い連携関係を感じるのは私だけであろうか。

前川は、一九三〇年代の中頃に書いた、前出の「今日の日本建築」[61]の中で、「所謂新建築と、所謂日本趣味的建築」を共に切り捨ててどちらも取らず、その対立、矛盾を〈止揚〉する建築を、「神妙の建築」と呼ぶ、と書いていたが、おそらくその時に彼がまだ抽象的な言葉でしか表わすことができなかったものの具体的な回答が、先に見たような一九五〇年代以降の、彼の一連の建築作品であり、それらは単に彼が権力の前で一度捨てて見せたものを、戦後ふたたび取り出してきた「所謂新建築」の系譜に位置づけるべきものではなかったことに注意を払わなければならない。前川は別の戦前の文章（前出「覚え書」）の中で、「伝統とは創造への伝統であり、創造とは伝統よりの創造だと前置きし、「歴史的世界」は、「多数の時代の同時的存在」であり、「新しき時代が過去のいずれの時代に親近性を持つかはその選択の自由にゆだねられている」と書いていたことについてはすでにふれたが、戦後の前川が、過去の伝統の中に手を差し入れて、何を彼の「創造」のためにしっかりと摑み取ってきたかは、これら一連の建築が、私たちに問わず語りに物語っているように思える。と同時にさらに注意しておかねばならないのは、前川が、「同時的存在」として、その「顔」を〈現在〉に覗かせている無数の「過去」の内から摑み取ってきたのは、ヴァナキュラー建築の系譜のみではなく、ある時は、西洋の「古典主義」であり、あるいは日本の「寝殿造」であり、さらに晩年には西欧の「中世建築」[62]や、彼があまり好まなかったともいわれる「表現主義」のデザインさえも見受けられる。たとえば一つの例としてあげるとすれば、前川を単なる《モダニスト》としてしか考えたがらない人の目には、前川の代表作、「東京文化会館」の西洋美術館側のファサードに、ル・コルビュジエのインドでの仕事を経由して、シンケルがベルリンに十九世紀初めに造った新古典主義の傑作、「古代博物館《アルテス・ムゼウム》」のファサードに重像させるものがあることなどには、おそらく気付かないにちがいない。

建築形態の風景への解消

この文章の冒頭に触れたように、一九六〇年代中頃以降の前川が、建物の外部におけるコンクリート打放しの耐久性に強い疑問を抱くようになり、彼の建築の〝売り〟の一つであった「RC造打放し仕上げ」を気候の変化に直接さらされる外壁ではあきらめて、コンクリートの壁や柱を打込みのタイルで覆うようになっていった。これは推測だが、RC造の壁に組積造のようにタイルを貼る行為が、ラスキンの言う「構造の

埼玉県立博物館ホール

虚偽」に当たらないかという点では、ラスキン自身が、煉瓦造の壁体の上に大理石の板を貼ることは、それを見る者に構造の芯まで大理石で造られていると敢えて思い込ませようとしない限り、「虚偽」には当たらないと明言していることに、前川は励まされていたのではないだろうか[63]。

しかしこのように顕著な転換を見せた晩年の前川デザインではあったが、しかしその後の作品においても、少なくともインテリア空間では変わることなく、〈構造体の露出〉と〈打放し仕上げ〉という前川流の建築美学は継承され、以前と同じように内部空間にヴァナキュラーな「神妙」の気を横溢させ続けた。たとえば冒頭に触れた前川の晩年の作品群の系譜へと向かう、一つの重要な節目をなす作品と目された「埼玉県立博物館」(1971)の場合でも、前庭を通り抜け、玄関からホールに入るとすぐに眼前に広がる、無数の並行する薄い鉄筋コンクリートの梁が大きなスパンを飛びながら整列するジョイストスラブの天井面を見れば、前川の一九五〇年代がいまだ健在であったことに誰にもすぐに気付くし、さらには類似のデザイン展開といえる「熊本県立美術館」(1977)の吹抜けホールの格子状の天井の床梁とそれを支持する円柱の構成や、「福岡市美術館」(1979)の弓形アーチの天井や、「弘前市斎場」(1983)の広い玄関ポーチの屋根の菱組構造など、前川の構造的表現は、すくなくとも建物内部では最後まで意気軒昂であったことを、確認することができる。と同時に逆の見方をすれば、一九七〇年代以降の前川建築は、インテリア・デザインにおける相変わらずの意気軒昂さと反比例させるかのように、イクステリアに、打ち込みタイルの〝衣〟を着せながら、コル流のプライマリー形態の強調からはますます遠く離れて行き、形態を周辺環境に溶け込ませ、できることならば消えさせてしまいたいと願うようにさえなっていったのである。同時にコルが、その生涯を通して頑に手放さなかった、内と外の空間を明確に仕切る不透明な〈壁〉の存在を、前川は次第に捨て、床から天井にいたるガラス壁を、自分の設計に大胆に取り入れ始める。前川のル・コルビュジエ離れは行き着くところまで進み、戦後一時期、彼が甲冑のごとく身に付けていた「近代建築の闘将」の〝鎧〟を、この時点でさっぱりと脱ぎ捨てたのである。

エピローグ

横浜の「みなとみらい」に最近完成したあるビルの見学に行き、その帰り、JR桜木町の駅まで歩いていくうちに、ふと思いついて、駅前でタクシーに乗り、「掃部山《かもんやま》公園の横の県立図書館へ」、と運転手に行き先を告げる。「神奈川県立図書館・音楽堂」(1954)。前川國男の戦後の再出発を確実に建築界に告げることになった記念すべき建築作品が、駅のすぐ近くの紅葉坂を登ったところにあるのをふと思い出し、久しぶりに訪ねてみる気になったのだ。少し前、保存か取壊しかを巡って、県と建築界の前川ファンの間で論議が白熱したが、どうにか保存する方向で今のところ一段落しているると聞く。それにしてもこの作品を見に行くのは何年ぶり、何回目だろうかなどと、取りとめもなく思案するまもなく、早くもタクシーは紅葉坂の急な坂の上の、この図書館・音楽ホールなどより少し後で建てられた同じ前川が設計した「神奈川青少年センター」(1962)の前に着いた。車を降り、「センター」の入り口前を北へ進むと、学生時代に、というとすでに半世紀ほど前のことだが、完成したばかりのこの建物を最初に見学に来たときに、広場を囲む二つの建物のファサードから受けた、「近代的」という形容がいかにもふさわしい、〈すがすがしさ〉に満ちた印象の記憶が、来館者に建物のジュビリー（完成後五十周年）を告げているる看板の横で、いまではさすがにやや草臥《くたびれ》た表情を隠せないファサードの背後から、鮮やかに蘇ってきた。

　まず図書館を訪ねる。今の各地方の一般的な県立図書館の規模に比較すれば、戦後まもなくごく限られた予算の中で建てられたこの図書館は、明らかに手狭そうではあるにしても、外観を彩る中空ブロックのルーバー・スクリーンは、今も程よい陰影を外壁に与えていて健在だし、いかにも前川流のヒューマンなスケール感を持つインテリアも、完成当時の心地よい空間の伸縮感を現在に伝えていて、いいなあ、まだこの建築は生きているなあ、と私を素直に感動させる。閲覧室の書架が立ち並び、二階にバルコニーがある吹抜けの下に立つと、これはまさしく木造の「紀伊國屋書店」の内部をRC造で直接的に展開させた空間だな、といつものように考え

神奈川県立図書館（1954）

る。この図書館の建築表現の隠れた一つの目玉は、多分北側のガラス壁の大きな開口部を覆っているPSコンクリート製の、床から軒まで伸びたルーバーの、古典建築のジャイアント・オーダーの列柱に似た列ではないだろうか。あまり人目に触れないが、この柱列を北側の公園側から見る時の、刃物のような切れ味のある姿が私は好きだ。

図書館を後にして外部階段を降り、音楽ホールの南側に、エントランスと通路をとるための二階建ての下屋棟に入り、私が日本の民家の小屋組を思わず連想すると先に書いた、例の音楽ホールの観客席下に造られた魅力的なホワイエに出る。図書館（西）側に広いガラスの開口部を持つ、この「衒気」のない〈すがすがしさ〉に満ちた場所は、いつ来てもなぜか懐かしい気持ちにさせる場所であり、音楽堂と図書館のいわば核心部分といっていい空間である。オーディへの扉を試しに引いてみると、意外にもこれが開き、舞台では夜の演奏者たちと思しき音楽家たちが、四、五人で室内楽のリハーサル中である。しばらく席に付いて、舞台で発せられた音が、長い歳月でほどよく色付いた合板の壁や天井に跳ね返ってホールの中を巡る時の音の微妙なツヤを楽しむ。がらんとした人のいない客席だが、たしかにいい音に聴こえる。静かに席を立ち、ホール上部の出入口からロビーへ出ると、廊下のガラス壁越しに、先程入ってきた二階建て下屋棟部分のフラットな屋根面が見え、昨日の大雨の後でドレインから抜け切らずに残った大きな水溜りを前に、作業服姿の職員が一人、立ち往生したかのように腰に両手をあてて立ち尽くして動かない。

さすがの前川さんも、近代建築のフラット・ルーフには手を焼いていたんだな、などと苦笑しながら下に降り、玄関から出て、「青少年センター」の方に向かって歩き出す。その途端というようなタイミングで、広場の左手、つまり坂下に桜木町駅がある東の方向に、なんとも異様な大きさと高さで、あの「ランドマーク・タワー」をはじめとする「みなとみらい」の超高層ビル群が、巨大なビルの足元を崖で隠して、突然天に向けて突き抜けているのが目に飛び込んでくる。それらの巨大なビル群の、まわりの都市空間をいかにも睥睨し、掃部山の「音楽堂・図書館」をも見下すかのような姿が、ゴジラ映画の中の巨大な怪獣がいまにも襲いかかろうとする瞬間の姿にさえ見えてくる。さっきその場所を建物を探して歩いていた時にはそれほど強く感じなかったが、横浜の海を見下ろす丘の上からそれに直面して眺めると、ビル群が叫ぶ「自分たちは、すべての歴史の中の、あらゆる建築を越えたところに存在するのだ」とでも言わんばかりの、薄気味の悪い猛々しさと傲慢さに満ちた合唱をいやでも聴かされてしまうのだ。

音楽堂から見える「みなとみらい」の超高層ビル群

「あんなものは、ぼくらが考えた〈近代建築〉の将来像なんかでは決してなかったんだよ」、という前川國男の鋭い声が、一瞬、聞こえたような気がしたのは、もちろん私の空耳だとしても、もし彼が今生きていて、紅葉坂の上でこの光景に出会ったとしたら、前川は、自分が長い間、「近代建築の闘将」というやけに重たい鎧をわざわざ身に纏って戦ってきた、その戦闘の成果がこれらの建物だ、などとは間違っても考えてくれるな！と必死の形相で弁明したに違いないと思わずにはいられない。事実それらの超高層建築は、自動車などと同じように、日本の高度に工業化された産業が生み出した、世界に誇りうる高性能の〝工業製品〟であることはたしかであろう。なぜならこれらの高品質、高性能の建物を生み出してきた人たちは、戦後、前川が、ちょっと待てよ、と立ち止まって思案した所で立ち止まって、彼と同じように思案するようなことは一切せず、その肝心な思案場所を、何の躊躇いもなく突き進んで現在の状態に繋げた、〈建築家〉と呼ぶよりも、むしろより技術者に近い〈設計者〉たちによって獲得された成果であるからだ。たとえば前川が、自分の設計した「日本相互銀行本店」において感じていたと思われる、カーテンウォールや大スパン架構などの技術を、性急に闇雲に日本で工業化していこうとすることへの疑念や、「東京海上火災本社ビル」の超高層の実現において、「胸につかえる」という言葉で表明された建築の一方的な「巨大化」への危惧などについて、彼ら工業社会の一方の旗手である〈設計者〉たちは、それこそ一顧だにすることもなく、逆に怯える前川を冷笑するかのように、その影を荒々しく踏みにじりながら、彼らが妄信する〈未来〉に向けて、文字通り猪突猛進していったのである。

一九八六年の前川國男の死によって、工業技術の所産としての〈建物〉を設計し続ける〈設計者〉

ではなく、自然環境と共生しながら、人間のスケールを持ち、人間の心が通う建物、つまり〈建築〉を、何らかの形で近代、〈現在〉という時点において創りだそうと模索、苦闘する〈建築家〉本来の努力は、あたかも廃止になった鉄路の終端部を見るように途切れてしまい、「日本の最初の建築家」の一人の山口半六に始まり、前川國男へと、細くはあっても延々と流れ来た系譜は、遂に途絶えてしまったのであろうか。そうした状況を考える上でも、掃部山の上に彼の図書館と音楽堂が、取り壊しの声を掻い潜りながら、これからもなおその位置にしっかりと立ち続け、「はたして本当にそれでいいのか?」、と私たちに鋭く問いただし続ける意義は、私たちがこれまで考えてきた以上に、大きなものがあるにちがいない。

（二〇〇七年九月記）

［註］

1 前川國男（宮内嘉久編）『一建築家の信條』、十九頁　晶文社、一九八一年
2 松沢寿重「土木家・前川貫一と建築家・前川國男」、大河津分水双書、第7巻『大河津分水と信濃川下流域の土地改良』、北陸建設弘済会発行、所収、二〇〇七年
3 l'Ecole Centrale des Arts et Manufactures
4 山口半六については、「山口博士作品集」、一九〇〇年。この遺作集の巻頭に、冲野忠雄による山口への追悼文が掲載されている。他に、長谷川堯「フランスの理性を伝えた山口半六」、『近代日本の異色建築家』所収、八二頁、朝日選書、朝日新聞社、一九八四年
5 註1、三八頁
6 前川國男（インタビュー）「歴史的体験者から見た設計者のための制度」『建築雑誌』一九七三年十月号、

一〇八二頁～一〇九二頁

7 長谷川堯『神殿か獄舎か』、相模書房、一九七二年。同じ表題で、SD選書（鹿島出版会）に最近再刊された。

8 「日本インターナショナル建築会」。一九二七（昭和二）年、京都で結成された主に関西の建築家たちを中心とする、インターナショナルな近代建築の普及のための運動体。創立時は本野精吾、上野伊三郎、石本喜久治、中尾保、伊藤正文、新名種夫の六人のメンバーでスタートした。一九三三（昭和八）年、ブルーノ・タウトを日本に招いたグループとしても知られている。

9 「現代建築国際会議（Congrés Internationaux d'Architecture Moderne）」。ル・コルビュジエが主唱者になって、最初は欧州各国の近代建築家に呼び掛けて、スイスのラ・サラに集まり、国際的な連携と活動の展開を目指して結成された建築家の国際組織。日本からは、一九二九年、フランクフルトにおける第二回会議へ、山田守、前川國男が初参加した。

10 註7、『神殿か獄舎か』、九八頁

11 前川國男／宮内嘉久編『一建築家の信條』、晶文社、一九八一年、の中の宮内嘉久「建築家前川國男の仕事」、三五一頁、参照。

12 註6に同じ。

13 渡辺仁（一八八七―一九七三）現在も上野公園内にある「東京帝室博物館」（東京国立博物館本館）は一九三七（昭和一二）年竣工した。渡辺には他に、「第一生命本社」、「服部時計店」など、昭和戦前の東京を、ランドマークとして飾るいくつかの佳作がある。

14 前川國男「負ければ賊軍」、『国際建築』、一九三一年六月号

15 「メスの建築思想の復権へ」、『新建築』一九七二年六月号。長谷川堯『建築―雌の視角』所収、相模書房、一九七三年

16 註15に同じ。

17 シンポジューム「現代史における前川國男の位置」一九九一年四月二六日、於建築家会館。当日のパネリスト宮内嘉久、平良敬一、大宇根弘司、鈴木博之、北沢恒彦、長谷川堯

18 藤森照信他、座談会「建築家前川國男再考」、『前川國男邸復元工事報告書』所収、江戸東京たてもの園刊

19 前川國男「今日の日本建築」、『建築知識』一九三七年十二月号

20 註19に同じ。

21 ピュージン（Augustus Welby Northmore Pugin 1812–52）
ラスキン（John Ruskin 1819–1900）
モリス（William Morris 1834–96）

22 これらの、美術家、デザイナー、建築家などの活動を後に総称して、アーツ・アンド・クラフツ運動（Arts and Crafts Movement）と呼ぶようになった。

23 JOHN RUSKIN, THE SEVEN LAMPS OF ARCHITECTURE, 1849　ここでは THE SEVEN LAMPS OF ARCHITECTURE, LONDON：WARD, LOCK & CO., LIMITED, 1911 によった。

24 註6に同じ。

25 THE STONES OF VENICE, 1851-53

26 註23の、WARD, LOCK 版（1911）の、五九頁

27 前出書、六四頁

28 Kata Phusin: The Poetry of Architecture, 1837　御木本隆三訳『若きラスキン原著　建築の詩美』、使命社、一九三六「カタ・プーシン」はラスキンのペンネーム。

29 前出書、八六頁

30 Le Corbusier: L'Art Decorative d'Aujourd'hui, 1925　前川國男訳『今日の装飾芸術』、構成社書房、一九三〇年

31 前川國男訳『今日の装飾芸術』（ＳＤ選書）、訳者による「あとがき」。

32 Le Corbusier: VERS UNE ARCHITECTURE, 1923　最初の邦訳は、宮崎謙三訳『建築芸術へ』、構成社書房、一九二九。戦後は、吉阪隆正訳『建築をめざして』（ＳＤ選書）、一九六七年

33 前川訳『今日の装飾芸術』、二一七頁、ＳＤ選書、一九六六年

34 Charles L'Eplattenier (1874-1946)

35 註32、二一八頁

36 JOHN RUSKIN, LECTURE ON ARCHITECTURE AND PAINTING, 1854
内田佐久郎訳『建築と絵画』、改造社、一九三三年
この中の「補遺（Addenda）」において、ラスキンは建築装飾の重要性について列記し、最初に、「装飾は建築の主要部分（principal part）である」としている。

37 註32、二二一頁

38 註21のWilliam Morris

39 Auguste Perret (1874-1954)

40 註32、二三五頁—二三六頁

41 註32、二三六頁

42 Antonin Raymond（一八八八—一九七六）、チェコのプラハに生まれ、同地の工科大学で建築を学ぶ。アメリカに渡り、一九二〇（大正九）年、帝国ホテルの設計者、F・L・ライトに伴われ来日。東京で設計事務所を開き、世界大戦中はアメリカに帰国。戦後日本に戻って設計活動を再開した。戦前・戦後を通じて、日本の近代建築の発展に大きな影響を与えた建築家。レーモンド『自伝アントニン・レーモンド』（鹿島出版会）

43 前出、レーモンド『自伝』、一一八—一二一頁

44 藤森照信による、「江戸東京たてもの園」のパンフレットによる。註18参照。

45 前出、前川國男訳『今日の装飾芸術』、二三九頁

46 藤森照信「戦時下にはぐくまれたものは何か」、松隈洋編『前川國男・現代との会話』、九五頁、六耀社、二〇〇六年　藤森は、註46の前川の「覚書」の一部を引用し、『驚くべき発言』だと述べ、「前川さんは戦争に抵抗してない」と断じている。

47 前川國男「覚え書　建築の伝統と創造について」、『建築雑誌』一九四二年十二月号。ここでは『建築の前夜・前川國男文集』、一九九六年、八七頁～一〇五頁、所収の「覚え書」から引用した。

48 前出「覚書」、『建築の前夜』所収、九三頁

49 村野藤吾「様式の上にあれ」（上・中・下・結）、『日本建築協会雑誌』（後に『建築と社会』と誌名変更）、一九一九年五月号～八月号所収

50 前出「覚え書」、

51 前出「覚え書」、『建築の前夜』所収、九六～九七頁

52 大江宏「混在併存」、『新建築』一九六六年七月号

53 設計競技「在盤谷日本文化会館」。一等当選は丹下健三案であった。『新建築』一九四四年一月号所収

54 坂倉準三（一九〇一―一九六九）。一九二七年東大文学部卒。二九年渡仏し、前川の紹介で、一九三一年、ル・コルビュジエの設計事務所に入る。一九三六年帰国し、三七年のパリ万博の「日本館」を設計。その作品で同博の建築大賞を受けた。四〇年、「坂倉準三建築研究所」を創設。戦後も東京、大阪に拠点を置き、設計活動を続けた。

55 対談、前川國男・藤井正一郎「建築家の思想」、『建築』一九六九年一月号の中での発言で「紀伊國屋」のデザインは、「岸記念体育会館の母屋のほうをただもってきた……」と回顧している。

56 PREMOSは、プレファブのPRE、前川のM、構造の小野薫のO、事業主の山陰工業のSを並べた名称。

57 註54の藤井との対談の中での発言。

58 前川國男「日本新建築の課題」、『国際建築』一九五三年一月号などで前川が展開した建築の「造形性」を追うだけでなく、西欧の近代建築の「技術的鍛錬」に学べ、という主張。

59 皇居前の丸の内の「美観」を損なうか否か、という「美観論争」は、一九六六年、地上二五階、高さ九九メートル七十センチメートルというスケールに計画変更されて認可された。

60 対談、前川國男・宮内嘉久「東京海上ビルについて」、『建築』一九七四年六月号。この中で前川は、宮内からの超高層建築一般についてはどう思うか、という質問に、「とにかく『巨大なもの』というものに対しては、非常になんというか、このごろ一つ胸につかえるものがあるのですね」、と答えている。

61 註19に同じ。

62 たとえば藤岡洋保「前川國男の思想的基盤――『近代建築の旗手』と『中世主義者』」、『生誕百年　前川國男建築展図録』、五二頁所収

63 『建築の七灯』、「真実の灯」、註19に同じ。

〈父〉の城砦と青春の〈子〉の円熟

論考——白井晟一

しらい・せいいち　1905 〜 83

京都市生まれ。1928 年、京都高等工芸学校卒業後、独ハイデルベルグ大学、ベルリン大学で哲学を学び、1935 年ごろから独学で設計をはじめる。論文「縄文的なるもの」（1956）は伝統論争を巻き起こした。モダニズムとは一線を画した重厚な作風を確立。異端、孤高と称され、書家、装丁家としても知られた。

おもな作品に、秋ノ宮村役場（1951）、原爆堂計画（1955）、松井田町役場（1956）、善照寺本堂（1958）、呉羽の舎（1965）親和銀行本店（1967、1970、懐霄館 1975）、松濤美術館（1980）、石水館（芹沢銈介美術館、1981）など。高村光太郎賞（1962）、日本建築学会賞作品賞（1969）、日本芸術院賞（1980）などを受賞。

呼びたてる〈父〉の城砦

世界から出立しようとして世界を立てながら依然としてそれに執拗に囲繞されたまま離脱できず、しかもその中への沈降も許されないで在るものとしての存在が、物理的に相関する究極の結果としての獄舎について私たちは知っている。他方、その捕囚の身を、永遠の価値とよばれる奇妙なぬくもりの予測される座席において解放することの、建築的約束としての神殿がある。この二つのヴェクトルの基点として、数千年の間、砂漠の流れる砂や草原の土の下に埋れた廃墟として、その本源的な内容を隠してきたものとしての王たちの宮殿。この三つのものを思惟の基礎に設置しながら、鈍い頭の中であちこちころがし、その思惟のクレバスにつけた一本の煙草の紫煙の中に、ふとある考えの閃きを感じて、思わず私はニヤリとした。

白井晟一氏が、日本の戦後建築史の上でもつ本当の意義は、全く途絶えたかに見えた宮殿づくりの系譜の、いわば奇跡的な再生とでもよぶべき出来事によって支えられ、その理由によって独自の光輝をはなっているのではないか。「親和銀行」は現代金融資本の胎内に、巧妙な策略とそれに匹敵するだけの充分な誠意によって開花した〈王〉の城砦ではなかったか。あるいはまた一連の剛直な住宅作品は、氏が「縄文的」と呼ぶような、歴史的領界を支配する者たちのための住まいとして秘密裏に構想された宮殿ではなかったか。ただ無為に、そのような机上の思惟をくりかえしている最中に電話が鳴り、白井氏の新しい自邸が完成しているが見にいかないか、という親切な編集者（宮

嶋圀夫）の誘いが聞こえ、そのやさしい声があとで原稿を書くという懲役を強いるものであること
は重々知りながら、不本意にもむしろ声弾ませて、行きます、と私は約束してしまった。
おそらく設計者自身の命名だと思われる「原爆時代のシェルター」なるその自邸の前に立った時、
その住宅は白い外壁の背を街路に見せて蹲っており、ディフェンスを本来の機能とする城砦的相貌

自邸「虚白庵」（1971）

を隠すことのないその第一印象が、建築をむやみに賞味したがる私の貧弱な口腔をひとまず満足させた。が、しかし招じ入れられた屋内は、そこに生棲するあまりの昏《くら》さによって、私に何も見せなかった。正直な話あとでそこに何を見たか、と誰かに聞かれたとしても、私が見たといえるのはいくつかの重厚な家具やわずかな什具と、それらを限られた明りで見せるいくつかの光源の断片的な残像にすぎない。むしろ私は、そこに入った時から、視るという行為を放擲していた、あるいはその空間の所有者の魔術的な操作の中で、無意識に放棄させられていた、と告白すべきなのかもしれない。室内にたちこめるイタリア産の濃い香の煙が、黒い内部空間を、どこかの密教寺院の洞穴のように思わせて、私の視るという姑息な企てを鈍らせてしまう。だから、そのなまめかしい闇のなかで私が得たものといえば、やや甲高い響きの声の持主である設計者との、時を忘れさせる刺激にみちた楽しい対話の内容と、そして視ることをあきらめた私に、その闇が沈黙のなかにうちあけたと思える、ある一つの事実だけであった。その事実というのは、突然の来訪者にはすべての意味をぬりつぶしてみえる漆黒の暗闇の中にひとり端座しながら、白井氏はそこにいつも誰かを見ている、らしいということであった。いいかえれば、もともと自分のものでしかない一人の建築家の自邸の私的な空間が、氏のこれまでのすべての建築作品の場合と同じく、何者かにささげられているのだ。私はいま、この輪郭を捕捉することのきわめて困難な者、建築家が自邸をさえ捧げようとしている相手を、仮りに〈父〉という単語で、あらわしておこう。

かつて「親和銀行」の本店の完成時に、模糊とした事態の中に本質的な仕組みを見抜くことにおいて抜群に敏捷な感性を持つ磯崎新氏は、その空間を語るときに、「ぼくは、そのすみずみにぴったりとおさめられた家具や調度についてこそ、正確な記述がなされるべきだと考えた」と書いた。その指摘の鋭さは想像以上のものがあることを、大分遅れてその建築を見に行った私は感じさせられた記憶がある。磯崎氏は、その観点から《晟一好み》とでも呼ぶべき数寄の精神を白井氏の建築の中に見出し、そこに「マニエリスムの世界」を感取したと書いた。

おかげで、私の思惟も、その部分に集中して動かすことができる。ただ私自身にとっての興味は、《晟一好み》の驚くべき闊達さ、建築的処理の完全性といったものについてよりも、それらの背後にあって、私の焦点が定まらないままに不可視の量塊として銀行の内部空間を動いている何か、に向けられていたといえる。たとえば「広いエレベーターホールを支配しつくしている」スペインのルネッサンス風の椅子は、一体誰のためにそこに調えられ、誰に坐らせようとしているのであろうか、と。もちろん銀行の所有者や利用者のためである、という通り一遍の答えでは、私自身の問いの答えにはならない。そこには、昔見た古風な活動写真の中のあの透明人間のような誰かが歩いているのであり、重さを知らないはずの彼が、その椅子の中で背筋をシャンとのばして、足の疲れを休めているような幻想に、ほんの一瞬にせよ私がとらわれたこともたしかだった。

それ以来私は、一種の妄想として、洞窟のような銀行の内部を満たしている預金係の呼び出しの声や、潮騒のようなレジスターやその他の事務機器のざわめきの間に、氷結したようなある沈黙の充実を聞こうとしたし、その中を木霊して歩くある足音——それは明らかに無人になった伝説の城砦の中できこえるという恐怖の足音を、私なりに脚色して響かせているに違いないのだが——を、傍受しようと心がけるようになってしまった。

そのような私の妄想はともかく、たしかなことは、白井氏が集積するすべての建築的要素は、その建築が日常的レヴェルで実現すべき機能を吸収しながらもかくれた二重の構造として、不可視な誰かに奉仕するように選択されコーディネイトされているという点であった。フルーティングのある柱も、アンティークの家具も、高貴な石材も、香り高い木材も、そしてそれらのすべてが負わされている大いなるスケールも、白井氏自身の個人的な趣味に由来するというよりも、氏が仕えようとする誰かの原則的な選びに（その誰かにふさわしいものとして）従っているのである。だからこれらの配慮に満ちた選択を《晟一好み》と呼ぶのは、やや適切を欠くきらいがないでもない。白井氏がかつて「待庵の二畳」と題した小文を書いた時に、意外に激しい口調で、利休がみせた私的な「数寄」の縦横さを非難したことを想起してみてもよい。「利休の百戦連勝は畢竟、苦役・権謀か苛烈な殺戮の上にきずかれたエリィト内の数寄の勝利に畢らなければならない」とし、待庵の二畳に、「なにかうすれた倫理性の蒙昧を感ずる」と断言する白井氏は、自分の建築空間の源は《晟一好み》ではなく、何か別の厳然たる価値の本然的な選びによって成立している、ということを指摘してもらいたいに違いないのだ。

白井氏は利休に対比すべき者として芭蕉をあげる。たしか私の浅薄な知識では、「格」に入って、その「格」から放れた時に本来の芸術的創作を可能にすることができる、といった意味のことを芭蕉は語っていたように記憶するけれど、白井氏が長い建築設計の道程の上で、常に問題にし、対決してきたのがこの「格」であり「格」を所有した者であったのではなかったか。芸術論としての「格」

について論ずる知識や資格は今の私には全くないが、ただ粗野にその輪郭を素描するとすれば、「格」とは辞典に書かれている通り「木の高い意」としてのすくっとのびた背筋の体現であり、それは格式・格調といった言葉に示されるような容器として、また骨格・人格という場合の構造として、品格・風格という時の肌理として、私たちの前に厳しく聳え立つ何かであるはずだ。そして白井氏の作品に接する時に、意識するにせよしないにせよ、私たちはそれらが究極において到達しようとする故地として、その「格」が問題にされていることを、いつでも見、感じてきたのである。

白井氏にとってのカント、その純粋理性のアプリオリな認識形式の解明者は、まさに氏の思惟の哲学的な「格」――構造を教えたものとして重要であり、同じように音楽的時間の堅牢な構築者たるベートーヴェンへの愛着も、そして私にはよくわからないが、少なくとも、座禅せよと説くことによって精神の脊柱を高く逞しく立てることを求める道元も、すべてが「格」の希有の体現者として白井氏の精神にかかわりを持っていたにちがいない。そして氏が「豆腐」を賛美する時、それは生活における一つの風「格」の具象として（単に風味ではない）、その思惟をひきつけるものであったのである。

そこでいま私はようやく、白井氏のような意識の志向が肉体にむかって宿り、人「格」化したものとして、氏にとっての〈父〉を考えようとするのである。

私が推測するのに、氏の銀行の洞窟のような内部空間の中を、ゆったりとした歩調で歩いていたのはこの〈父〉であり、その住宅建築の正座をいつも占めていたのは彼であるようなのだ。

誤解を招かないために、あらかじめ断っておかなければならないが、私は白井氏のバイオグラフィに書かれるべき、肉親としての父親そのものを、〈父〉といっているのでは決してない。そのような父親については、私は全く、といっていいほど何も知らないし、せいぜいあるのは、栗田勇氏がどこかで紹介していたような氏の祖父はフランス文学者かフランス語教師で、父は京都で最初に自家用車を持った人であった、というようなほとんどお話にもならない貧弱な知識だけである。バイオグラフィカルな対象である氏の肉親について、私が全く興味をもたない、といえばおそらく嘘になるが、しかしいまここで私が試みる考察において、その種の情報は必ずしも不可欠のものとはいえない。いいかえれば、白井氏にとっての〈父〉は、精神分析学的な対象として考えられるものではなくて、あえてバシュラール風にいうとすれば、むしろ精神現象学的な主題としてである。

建築は、日常的な経験のなかで私たちが安易に確信しているように、まず人間が存在し、その存在の原理的欲求の中心的な主題の一つとして、それが空間的に形象化されて発生するものでは決してない、と私は思う。

最も原始的な段階において建築の発生を考えるとすれば、どうしても次のようにいわなければならなくなるであろう。つまり、建築が成立してはじめて人間が存在した、と。これは鶏——卵の発生の前後関係を問うような思惟の戯れとは趣を異する、きわめて重要な命題である。自然界における単なる一種の生物にすぎないものが、自らを住まうものとして把握することを通して彼ははじめて人間になるのだ。鳥はその巣の中にいながらその巣を自らの住まいとして、空間的形象として対象にする、つまり意識することはない。その反対にひとは住まうものとして物質を自分の前に立てる（否定する）ことによって、超越する人間存在のプライマリーな出発を経験する。この原理は、私たちがかかわる今日の状況においても少しも変質してはいない。いや、変質していないことを再確認すべきなのだ。建物でなく、それが建築である以上、建築はそれにかかわるべき人間をいつでも呼びたてる。そしてその呼びたてに応えたものが、人間なのだ。

白井晟一氏が、衰弱した昭和の建築界において、その作品を通していつでも私たちに衝撃をもたらしてきた理由は、この呼びたての原理のきわめて正当な理解のためであったことはほぼたしかな事実である。熟練にもとづく原理の驚くべき巧緻な技法的展開によって発現した、建築本来の活力。そして、この呼びたてが問題であったからこそ、氏の建築は、小能林宏城氏が「琢刻の造型」といわねばならなかったほど激しくえぐられ、きざまれ、うがたれたのである。また同じ理由によってこそ、家具、調度、照明具等のキュリオ・ハンティングが建築創作の重要な部分となったし、建築素材のほとんど口腔にしゃぶらんばかりの、苛酷な吟味が加えられたのである。

白井氏が自らの建築において呼びたてようとするのは、この文章の最初に私がふれたように、言葉の最も純粋な意味での〈王〉であったと私は信じる。つまり自ら床をふみしめ、厚い壁や太い柱を立て、自分自身を閉じ込め、そのことにおいて自分を護るものとして、最初に成った人間としての〈王〉なのだ。例によって私はこのことを明らかに確定すべき証拠をもたない。だからといって単なるもの書きの虚言癖とかたづけられてしまうわけにはいかないだけの傍証もあるのだ。たとえば白井氏の文章を決定的なものにしたあの有名な「縄文的なるもの」と題する美しいレトリックにあふれた小文をここでとりあげることができよう。彼は文化財指定をうける前、忘れられたかたちで数百年にわたる年月の風雨に耐えて立ってきた伊豆韮山の江川邸をとりあげ、それを「都会貴族

伊豆韮山　江川太郎左衛門邸

の書院建築か、農商人の民家」といった「弥生的」な系譜の建築とは根本的に異なる「縄文的なるもの」の一つの例証として賛美した。

「江川氏の旧韮山館はこれらとは勝手が違う建築である。茅山が動いてきたような茫漠たる屋根と大地から生えた大木の柱群、ことに洪水になだれうつごとき荒々しい架構の格闘と、これにおおわれた大洞窟にも似る空間は豪宕なものである。これには凍った薫香ではない逞々しい野武士の体臭が、優雅な衣摺れのかわりに陣馬の蹄の響きがこもっている。繊細、閑雅の情緒がありようはない。(中略)それに機能といえばこの空間は生活の智恵などというものはどこにもない。逆算の説明は御免蒙るだろう。だから文化の香りとは遠い生活の原始の勁さだけが迫ってくるのだ。けれども蛮人の家ではない。(中略)第一、民家のように油じみた守銭の気配や被圧迫のコンプレックスがないのは何よりもわが意を得たものである。私はかねて武士の気魄そのものであるこの建物の構成、縄文的なポテンシャルを感じさせるめずらしい遺構として、その荒廃を惜しんでいた。最近は蟻害ことに激しく、余命いくばくもないといわれているが、『友よそんな調子でなく、もっと力強い調子で』と語ってくれるこのような建物は何とかして後世へ伝えたいものだと思っている。」

その後江川邸は幸か不幸か文化財指定をうけ、命を長らえることができたが、茅山のごときといわれた屋根は銅板葺きに被覆される不運にみまわれ魅力を半減してしまっている。それはともかく、今でもその「大洞窟」を思わせる内部空間は、白井氏がそこに何を見たかを充分に私たちに教えてくれる。それは私のいう(あるいはサン・テグジュペリの『城砦』の主人公のいう)、原初的人間〈王〉の空間でなくて何であろう。「民家のように油じみた守銭の気配や被圧迫のコンプレックスがない」ことに氏がわが意を得るのはそのためである。氏はこの空間が呼びたてた結果、そこで人間になった者を、「縄文的なる」者として、はるかに追慕したのだ。そしてその同じまなざしが氏の設計図面を透視している以上、創られた建築は自然に、「友よそんな調子でなく、もっと力強い調子で」

と語りかける（呼びたてる）、〈王〉たちの様ざまな城砦と化して実現したのもまた当然であったといえる。銀行も、町役場も、住宅も、すべて同じ原理によってつらぬかれている。白井氏が執念として、いまだにそれの実現を夢みているあの、「Temple Atomic Catastrophs」にしてもそのような視座からとらえなおしてみれば、それが原爆被災者の慰霊のための Temple であるという正面の目的と機能の背後に、設計者が、人間の霧消という破局的な場面に直面する私たちの状況をふまえて、池の中にうかぶ幾何形態の城砦のなかで、人間の呼びもどしを計ろうとしていること、その意味ではたしかに呪術的でさえある強靭な企てが目論まれていることに気づくようになるであろう。しかしそれにしても、これは不吉な企画だ。数千年前のミュケナイ文明の人間の栄華をティリンスの屹立するぶ厚い城壁が、いま私たちにそれをしのばせる唯一のものとして頑強に生きのびたように、この Temple が完成したとすれば、私たちの時代から数千年後において私たちの文明、私たちの人間をのこす唯一の遺構として未来の遺跡の廃墟のなかにその強固な姿をさらすにちがいないのだ（私はたとえひとつにせよ、そのようなカタストロフを約束する神殿の石をつむことはしたくないものだと思う）。

　ところで先にみた〈王〉と〈父〉との相互の関係はどうなるのであろうか。

「原爆時代のシェルター」なる現代の城砦としての白井氏の新しい家を訪ねた時、その闇に沈んだような、言葉通り洞窟のような居室の、応接室と寝室の区画によってくびれたように見える部分の奥のある場所に、スポットライトがそれほど強くない光を真下におとしている部分があり、白井氏が私に、そこに机をおいて書をかくんですよ、と教えてくれた時に、その光景を想像して、思わず立っている場所にそのまま踞りたくなるようなある感銘をうけたのをおぼえている。実は私が〈父〉ということを想起したのもその時だったのだ。というのも、この密閉した、暗い空間の中で一人端座し、白い紙の上に筆を運んでいる年老いた建築家は、「手習い」という言葉そのままに、そばにいる何か大きなものに見まもられながら、自分に課せられた修練にはげんでいる、そんな姿をそこに視たように思ったからである。そしてまたその住居の異様な闇の意味も理解したように思った。それは何か大きなもの、つまり私が〈父〉と仮りに名づけたものが宿るべき黒い樹液なのであり、その闇によって白井氏は自分の座標と位置を指し示されるのだ。その位置に端座する時、氏はまちがいなく〈子〉であり手習う小僧であった。

おそらく、ひとをひきつけてはなさない白井氏の人間的魅力の大部分は、この〈子〉であることの謙虚さと、奇妙な表現になってしまうが、愛くるしさに発するものではなかろうか。また栗田氏が「じつに驚くべき、時代に対する感受性がある」といった白井氏の「歴史的直観」も、〈子〉としての無邪気な眼が捕えて切り返すその辛辣さに由来する、といいなおしてよいかもしれない。私は、書に関しては全くの門外漢だけれども、白井氏の書には建築にしばしばみられような武骨さがかげをひそめているように思える。筆はほとんど滑りすぎるほどなめらかに動きまわり、棘々しさを知らない。私は氏が最近出版した『顧之居書帳』の中の「空也」とか「真空」とかかれた字を見るのがすきだ。それは全く俗流の、どうしようもない馬鹿々々しい見方なのかもしれないが、私はそこに、字の意味を忘れて、座敷に坐りながら、子供たちが無心に遊びたわむれている具象的なイメージを見てしまう。私はそこに〈子〉としての白井氏の無垢の姿を視る。書はたしかに氏自身だ。

これに反して、私たちは白井氏の建築に（自邸においてさえも）、簡単に白井氏自身を見ることができない。設計者は城砦としてつくりあげた彼の建築を、自分自身の身体として占拠する〈王〉となることを、なぜか欲しないからである。そのかわり、彼は〈王〉あるいは〈父〉にそれを捧げようとする（彼の建築がしばしばマニエリスムとの批評をうける一つの原因も、実は設計者が、自分自身の城として最終的にその建築の身体化を通して検証しないためであり、外に「格」を求める必然的な結果であるといえるかもしれない）。なぜ白井氏が建築家としてそのような〈父〉性の追跡者になったか、という疑問は非常に興味ある主題だが、ここはその場所ではないし、解明のための資料も、私自身の能力も不足している。しかしともかく、氏の建築家としての創作活動の中に太い一本の骨格として、不在になった〈父〉性の再興という主題がくりかえし、姿をあらわしていることを指摘できるのは、たしかなことのように私には思える。

ところで私は、そして私のまわりの多くの戦後世代は、白井氏が胸の奥に抱いているような〈父〉を持たないもの、有り体にいえばあわれなテテナシゴだ。私たちはプロテストする近代合理主義の経営する孤児院に育ち、そして〝親〟だと錯覚した者の崩壊によって、再び巷に投げ出された。だから〈父〉のために建築を捧げることのできる者への嘆賞と、羨望に裏うちされた嫉妬において人後に落ちない。われらがみなし子ハッチ、宮内康氏が「親和銀行」について書いた結論として、「近代の建築家はシステムによる物質の把握を果てしなく追い続けてきた。（中略）けれどもシステムにたよった建築のほとんどすべてが、無残な姿と貧困な空間しか生み出し得なかったことをぼくらは知っている。システムは説明ずきで、技術コンプレックスを捨てきれない建築家の自己満足以上のものであったことがあるだろうか。白井晟一の奇怪で不気味な物質の塊りは近代の技術やシステムに対する肉の告発である」といった時に、それは〈父〉をもつ幸運にめぐまれた者への私たちの世代の果てしない憧憬の公約数的表現であったのだ。それに実際のところ、〈父〉ではないもの、唾棄すべきシステムのごときものを、〝親〟の一人であると錯覚していたことに気づいた者の砂をかむような屈辱感は、一人の建築家を賞讃することによっては、決して癒すことのできない深い傷でもあったのである。たとえば白井氏の建築にしても、人間の喪失の時代において〈王〉たる者の城砦を築くことによって建築を獄舎化し、そこにきわめて今日的な意義と内容を建築にもたらしたにもかかわらず、他方において、外在する価値――〈父〉――にそれを献納しようとする意図をもつ限りは、それが危険な神殿建築へと傾斜していく恐れを多分にもっていることを、私たちはうち消すことができないのである（私が原爆記念堂に不吉さを感じるのはそのためだ）。つまり、白井氏の建築は、現在の日本の建築界において一つの光明であることはたしかであるにしても、究極において、私たちが持つ建築についての飢えを満たすものではないのだ。白井氏の自邸に充満する闇、それは白井氏自身にとって意味に満ちた空間であっても、それにむかう私はそれによって、なおさら飢えるのである。簡単にいえば、私はそこから元気を得ることができない。

テテナシゴたちに残された唯一の道は、自らが〈王〉となる決心をすること、孤児の立場から一気に〈父〉の場所へのりこむことだ。そして韮山の江川邸が最初に建造されるときにおそらくそうであったように、踏み固める土間の、建てる柱の、架けわたす梁の意味はなにかを、〈父〉やその他の一切の外の価値のためにでなく、自分自身のために問いかけながら、建てられるべき建築を具現していくことにだけ脱出口が見えてくるのだ。

私たちは、白井氏の建築のつややかな大理石の外壁に、鋭く細い爪をたててよじのぼり、それをのりこえ、そこをふみしだき、私たち自身の城砦と獄舎、つまり都市をつくらねばならない。

しかし、それにしても、私たちの登攀《とはん》に価すべき岩塊が、ほとんど白井氏の建築以外に、今日どこにもみあたらないという事実のなかに、昭和の建築の、私たちをうすらさむくさせる希薄さを慄然としながらも認めざるをえないのはやはりつらいことだ。

（一九七二年記）

青春と円熟の季節

「友よそんな調子でなく、もっと力強い調子で。」

かつて白井晟一が、豪放で野性のかおりあふれる韮山の江川邸の建築的架構のなかに聞きとった、「縄文的なるもの」の発するその磊落な声が、同時にまた白井自身の設計するすべての建築の礎石に刻まれるべき訓言であったことは、彼の建築の気迫に押されながら魅了されつづける誰もが認めるところである。しかしこの一つの言葉と、次のあまりにもよく知られたある詩的詠嘆が、多くの屈折のなかに隠れながらも、ひそかに呼応する何かを持っている事を想像する人は少ない。

「花のいのちは短くて、苦しきことのみ多かりき。」

林芙美子を有名にし、また芙美子自身も好んだこの詩句は、彼女の故郷鹿児島の古里温泉の文学碑に刻まれている。

白井晟一と林芙美子との青春時代における、パリを中心にした交流については、白井をかこむ崇拝者たちの間ではかなりよく知られたエピソードである。たとえば白井の建築家としての仕事の、ジャーナリスティックな意味での発見者を自認する川添登なども、その建築家列伝のなかの白井晟一の項で、このことに簡単にふれている。彼はそのなかで、林の短篇小説『屋根裏の椅子』をとりあげて書いているが、芙美子自身がフィクションとしての仕上り具合の稚拙さを反省していたこの小説よりも、川添は他の幾篇かの作品を参照すべきであったかもしれない。たとえば彼女がパリから帰って五年ほどたった昭和十二年に出版した『滞欧記』の「春の日記」の部分や、その日記の粗い描写を戦後（昭和二三年）さらに文学的にふくらませて書いた『巴里日記』など。さらには日本へ帰ってからの二人の交りを文学的虚構になおして部分的におさめた、自叙伝風な昭和十五年の作品『一人の生涯』とかである。

それらの文章を読むと、黄色くなった古い写真のなかに、なつかしい人の若い時代の風貌を発見した時のように、理由のない感傷と、かすかな昂奮を私は感じる。そこには、白井のあまり語らない、建築家になるまえの学生としての青春期の姿が、文学者の断片的な言葉のなかにモザイク模様のように浮び上がってくるのだ。

『放浪記』が五十万部といわれる空前のベストセラーとなることによって、それまでの人生につきまとっていた木賃宿を渡り歩く生活や、女給暮しの貧乏からやっと解放されたばかりの林芙美子が、パリに旅をした時の事を書いた『巴里日記』の中で、女主人公の前に「ベルリンの大学にゐられる由。

春の休みに巴里へ来て、薩摩屋敷に泊ってゐる」S氏なる人物が登場するが、それがどうもドイツへ留学していた二十歳代の白井晟一の文学的影像であるらしい。「S氏は哲学と建築を勉強してゐられる由、黒いダブルブレステッドが非常によく似合ふひとである。」このS氏は風邪をひいた日記の主のところへ「薄桃色の美しい沢山の薔薇の花を、白い箱に入れて見舞」ったりする、とても優雅で「富有な」貴公子である。女性の目が男の衣服にそそがれている。四月のパリを散歩する時、彼は「紺のガウンの上から金具の美しい大きいバンドを締めてゐた。」「私の誕生日なり。S氏より王冠のついた香水と粉白粉を贈物としていただく、嬉しくて呆然としてしまふ。S氏と凱旋門へ行く。」しかも彼は、いつでも「清潔で温雅な」ふるまいにつつまれている。おかげで日記の主人公たる「私」は、ときには自分がみじめな存在に思えて悩んだりするのだ。彼女はパリのきたない裏街を歩きながら思う。「富有なS氏はこんな裏街の景色には眉をおひそめになるだろう。Plongé dans la débine extrême　ああ、ひどくおちぶれてしまってゐる」と。

　フィクションであるこの『巴里日記』の主人公の、断片的なS氏についての記述のなかで、私たちはすでに白井の独特な建築の内容について考えはじめているのかもしれない。この『日記』のなかの「私」は、後に白井が設計した多くの建築の風貌について語っているともいえるのだ。それらの建築には、見事に着こなされたダブルの背広のもつような格調の高い完結性がいつも目ざされている。建築的な語彙としての「美しい金具のついた大きなバンド」をそれらの作品のなかに探し出すことも、さしてむずかしい事ではあるまい。またバラや香水の芳香に似たものとしての白井の建築空間の香り高さは、ひとのよく知るところである。また彼の建築には、戦後の混乱期に建てられたロー・コスト・ハウスの場合にせよ、なにかしら「富有な」スケール、豊かさのディテールとディメンションズがある。それらはまさに「ロー・コスト・パルテノン」であった。だから伝統的に「富有」の保証者ともいうべき銀行のための一連の建築に彼が与えた雰囲気が、日本の戦後建築に例外的な重厚さを誇ったのも当然であったといえよう。

しかしその事は逆に、別な印象をも私たちにもたらす。あまりにも完璧な風姿が、それを前にするものの心をどこかで畏縮させる。『巴里日記』の女主人公が、「Plongé dans la débine extrême」と、自分の姿と心を感傷的に嘆いた気持も、また私にはわからないでもない。

林芙美子の小説のなかにしばしば登場してくる、『巴里日記』のS氏に似た人物は、いつでも貧しさの恐怖からぬけきれぬ女の前の、ある種の光明として書かれている。たとえば『一人の生涯』のなかで「成一」と呼ばれる建築家は「日本人にまれな美しい逞しい体、モノクルのよく似合ふ品のいい顔立ち、眼はすべての女の心をさそふやうな深い憂愁をたたへて黒く大きく……」といった、男性の理想型として描写されるが、その事は同時に女に次のような別れの言葉を用意させているのだ。「あなたにはあなたの幸福輝くばかりの道があるでせうし、私には私の道があるのだらうと思ひます。貧しい私は、貧しい人達とともに歩む道しかありません。……あなたは肉体も精神も、すべてに亙り富有な人です。あなたを囲む沢山の御家族をこめて輝やかしきあなたの人生に、私はほんたうはすくんでしまってゐるのかもしれません。私を一人にしておいて下さい。」（『巴里日記』）

林芙美子の小説に登場する多分に自伝的なヒロインの青春はきびしい貧困に洗われている。そうした文学者の描く貧しい境遇と、ひとりの建築家の構築する豊かさとの邂逅と対比は、ひとつの時代を浮彫りにしながら、光彩のある交りを実現していて興味深い。先の『一人の生涯』のなかの「私」のところへ来る「成一」の手紙に次のような行《くだり》がある。

「あなたは、たつた一人で強く歩めるひとだ。雑草のやうだと口ぐせに云つてゐるけれども、あなたはそれにみせかけて、亭々と松のやうにそそりたつてゐます。

僕達のしあはせは、考へ方によつては、はかないかもしれないし、はかなく終るかも知れない、が、私があなたをだきしめてゐられる間は、全身心全心力をもってあなたをかはいがらう。

この一面を僕は敢然として執着する。

最愛なるひとへ

三時記す」

もちろんこれは小説のなかの手紙であり、実在の一人の建築家の現実の手紙であるわけはないが、それにしても、虚構のなかで書かれた男の言葉は、偶然に後の白井晟一の建築的創作の非常に重要な側面を照射していて私を驚かせる。

つまり、白井の建築はいつでも例外なく、その建築へとむかうものを、様々なかたちではあっても、常に「全身心全心力でもって」抱きしめようとするのであり、またこの能動的な構えのなかで、建築の使用者や賞味者たちの精神の主軸を、「亭々と松のやうに」そそり立つようにとはげますのだ。その時にこそ、建築は「友よそんな調子でなく、もっと力強い調子で」と語りかけるのである。

設計者としての白井が、そのような鼓舞のために用意した特徴のあるいくつかの手法のうちで、彼が最も固執し、またいかにも効果的に使われているのは、美術史の用語を借りて仮に名付けるとすれば、フロンタリテ frontalité つまり「正面性」の原理、とでもよぶべきものであった。たとえばエジプトの建築を装飾するレリーフや絵画のなかの人物たちは、顔を横にむけながら、胸だけはいつでも真正面をむけ、私たちの前にあらわれてくる。白井の建築も、それと同じような胸、つまり同じような造型原理を基礎にして空間を具現しているところがある。

「生理に甘えさせること丈が機能的で合理的であるとは考えない。むしろ人体を正し、教え鍛える建築にこそ従事したい。」一九五三（昭和二八）年に白井は住宅建築について書いた短い文章の中でこう述べた。戦後の日本の社会的混乱のなかで、氏が青春においてみせたような、友や恋人や個人的なつながりの多い施主に対して試みたような私的な慰励は、好むと好まざるとにかかわらず、社会的な延長と拡大を経験することになった。つまり不特定の他者（ある人はそれを「民衆」とも呼んだ）にむけて、特有の《はげまし》の企てをすすめずにはいられないような、なんらかの状況がそこにあった。したがって、声もしだいに大きく、荒々しい響きをおびてくる。「……正し、教え鍛える」。そのような時に白井が建築的な手法として取り出してくるのが、例のフロンタリテの原理であり、具体的にいえば、「秋ノ宮村役場」（1951）から「善照寺」（1958）にいたる約十年間の、いわゆる《切妻の時代》であった。

白井の建築には、平入《ひらい》りの作品は比較的少ない。また私の個人的な感想からいえば、あってもその種の作品に成功作はあまりないように思える。住宅にせよ、公共建築にせよ、宗教施設にせよ、精妙なプロポーションとバランスの感覚という古典的な美学が十全に展開して私たちの眼の前にあらわれる時には、なぜかアプローチとエントランスは建物の妻側にある作品がほとんどである。理由はいくつかあるだろう。棟に直角の方向からアプローチする平入りの家屋の場合、玄関ポーチの付加などによって、ファサードの簡潔性が崩れること、またエレヴェーションにおいて、棟や軒やパラペットの単調な水平方向への流れが与える間のびした印象、屋根面ののっぺりした変化のなさ、等々。そしてそれらの理由以上に妻入りの構成の利点は、建築へと近づく者に、露出した断面としてのファサードを通して、一気に建築全体の骨格と輪郭を理解させてしまうところにあるだろう。それはまさにフロンタリテの原理にふさわしい建築の外部構成である。「秋ノ宮村役場」も「松井田町役場」(1956)も、プランは正面にむかって逆T字型の輪郭をみせている。この形態そのものが、世のなかのすべての矮小さ、猥雑や脆弱にたちむかおうとする設計者の、挑戦と情熱を暗示している。この意志がファサードへと立ち上がってくると、白井のエンブレース(抱擁)の構えがより複雑化してあらわれてくる。つまりいまにも肩を抱きかかえ、抱擁せんばかりのやさしさと胸幅の広さが生まれる。「秋ノ宮村役場」では雪国にしては比較的ゆるい勾配の屋根がややアウト・オブ・スケールではないかと思わせるほど横にひろがって深い軒下をつくり、それがあたかも巨大な鳥の翼の下につつまれたかのような、やわらかいくつろぎの心をひとにもたらす。その他この役場では、円弧を描いて少し前に張り出したバルコニーと、ファサード南端の窓風にみせた素通しの開口部の処理などを、フロンタリテ好みらしい手法として注意しておきたい。RC造の「松井田町役場」では、木造の「秋ノ

嶋中山荘(1941)

宮村役場」における屋根とバルコニーの関係が逆転して、屋根はひかえめに、しかしバルコニーの前面が大きな径をもつ円弧によって切り込まれ、その横に長いパラペットが、巨人の腕のようにゆったりと伸張している。

建築のフロンタリテという特性を、逆の見方によって説明すれば、建築前面《ファサード》の整合性に比べて、背面および側面が意外に（あるいは当然）きわめて直截的な解決、ばっさりとなりふりを気にしない姿も見せる、ということでもある。その点では「秋ノ宮村役場」も「松井田町役場」も相当に荒っ

秋ノ宮村役場（1951）

松井田町役場（1956）

善照寺（1958）

ぽいおさめ方を見るように思う。しかしその背面の無愛想さは、建築がフロンタリテを重視する以上必然的な結果であり、その事をとりあげて非難するのは、必ずしも当を得ない意見であろう。

そういった問題をあまり気にさせないという点で、生活の複雑な機能的要求がフロンタリテの完結性をさまたげることのない宗教建築である「善照寺」は、背面や側面や内部空間にも破綻がなく、建築理念の純粋な表出による見事な《神殿建築》となった作品であった。昭和三三年に完成したこの「善照寺」は、初期の「嶋中山荘」(1941)につづいて、白井の壮年期を代表する作品として特筆されなければならない作品である。

それと同時に、フロンタリテという面においても、また壮年期の白井の建築意想の精髄を知るうえでも、昭和三十年ごろからほとんど今日にいたるまで彼の頭のなかで昇華されつづけているあの計画、《TEMPLE ATOMIC CATASTROPHES》俗にいう「原爆堂計画」(1955)を忘れるわけにはいかないだろう。これは、惜しくも実現されなかった「雄勝町役場」の西正面のファサードにみえるキューブと、白井の年来の円柱嗜好とが合体してできたテンプルと、「松井田町役場」のバルコニーにあった前方に手をひろげ抱擁しようとするような立面の展開としての美術館を二つの大きな要素にして、その二つを連絡する黒い地下空間を持つ計画であった。この「原爆堂」に示されたフロンタリテの原理の赤裸々な純粋さと、計画そのもののなかに塗り込めた白井の建築家としての執念について、私はここでは簡単に説明することはできないし、また説明の必要もおそらくないであろう。計画自体いかなる説明にもまさって、自らを語っている。ただ、このテンプルの場合は、「友よ……」という白井建築特有の呼びかけが、あの《切妻の時代》の建築にみられた楽天的ともいえる明るさとおおらかさが影をひそめて、なぜかあまりにも防禦的にすぎることから生まれる暗さ、なにかやりきれないものを私に感じさせる。物質的にも精神的にも「死の灰」が《人間》の存在そのものの上に現実にふりかかる時代の作品であるとはいえ、「力強く」と呼びかける言葉の純粋の意味での英雄的な存在が、一転して自らの墓標を刻むかのような悲しさがそこにたちこめていることは否定できないのが、どうにも私には気詰まりなのだ。

一連の住宅作品を別にすれば、《切妻の時代》に続くのは、いうまでもなく《親和銀行》シリーズの季節だ。それは白井晟一の後半期六十歳前後の仕事であり、例のフロンタリテの手法は、それまでの木造や鉄筋コンクリート打放しのような安価な素材から組積造を思わせる表現へと、重厚さを加えてゆき、戦後の日本の建築界が全く忘れていた建築デザインの豊饒を人々の目に

原爆堂計画（1955）

焼きつけた作品群であった。かつて計画案として示された「雄勝町役場」(1956)や「東北労働会館」(1957)や「原爆堂計画」などに部分的に顔を出していたファサードの量塊的性格の表現に本格的にとり組んで出現した建築であったが、しかしフロンタリテを中心とした手法は依然としてほとんど変るところなく踏襲されている。たとえば「親和銀行大波止支店」(1963)の正面の曲面壁は、「東北労働会館」のルーバーをかねた有孔ブロック壁面あたりにさかのぼることができようし、吹抜けの内部空間はそれまでの彼の建築的語彙のなかにあまり見あたらぬものであったといっても、「原爆堂」のシリンダー部分の内部をその先駆形態として無理にこじつけて考えられないこともない。他方「親和銀行東京支店」(1963)の場合は玄関から地下へおりて行く空間的過程にミュジアムからテンプルへ行く「原爆堂」の地下空間の構成を想起させるし、基壇的なあつかいをうけている二階までの部分の上に、首飾りのような有孔ブロックの帯のくびれをつけて分節されている背の高い直方体は、「原爆堂」の直方体や「雄勝町役場」の直方体を、中央部に開口部をとるという処理をそのままに垂直方向に一挙に拡大したものであることがわかる。

ということは、誰でもすぐに理解するように、佐世保の「親和銀行本店」(1967-70)において白井は、ファサードとして、「親和銀行東京支店」の内容を、建物にむかって右側の黒い円柱の上に白い石魂がのったように見えるブロックに展開させ(もちろんもっと直接的には「原爆堂」のイメージがある)、異常に高い吹抜けと巨大な楕円形のトップライトを持つ左側のブロックの手法を、「親和銀行大波止支店」の営業室から発展させているのである。一見非常に複雑そうにみえるプランも落ち着いて眺めていると、結局それはあの《切妻の時代》の「秋ノ宮村役場」や「松井田町役場」の逆T型プランのちょっとした変奏にすぎないことがわかるだろう。その変型逆T型の前面に、二つのマスク、つまり半分に裁断された「原爆堂」と、奥行きがないためにうすく押しつぶされたような楕円形のヴォールトが付着しているだけなのだ（そのことを一目で理解するにはたとえば三階平面図を見ればよい）。

あざやかなフロンタリテ！　なんと単純で見事なファサード・デザインの手法であることか。

ところで私は、その点について予想される浅薄な理解に対して、あらためて念をおしておかなければならない。正面性つまりフロンタリテの原理は、決して単なるファサーディスム façadisme の悪しき踏襲によって達成される軽薄な空間原理ではないという点である。それについて詳しく説明する余裕はないが、簡単にいえばファサーディスムのファサードは面（マスク）のようなものであり、その面は背後にいかなる空間も設定しないで単なる前面性をもつだけであるが、私がフロンタリテと呼ぶものは、当然のこととしてその正面にふさわしい内部（空間）をあらかじめ設定し予定しているのである。白井の建築が単純なファサーディスムと全く無縁なのはいうまでもないことだ。そのことに関連して是非ふれておきたいのは、彼がブック・デザインにおいてみせるすぐれた手法についてである。彼の「設計する」本もまた、あざやかなフロンタリテの原理によって貫かれ、そのことによって、他の数知れぬ出版物――その多くが悪しきファサーディスムのもたらす醜悪で品格の欠如した化粧に、自分の顔を穢している――と隔絶し、それを凌駕しようとしている。彼の本は中途から斜め読みにされたりするのを好まない。それは表紙にはじまって、一頁一頁と、正面から奥へ、と読み進まれることを厳然と要求しているような、頑固な剛直さと律義さを本領としているのだ。フロンタリテの建築もまた同じなのだ。

私は必ずしもファサーディスム全体を悪として追放したいなどとは思わない。それにはそれ独自の魅力も迫力もあるし、私個人としてはかなりの程度にそれを好む。しかし今の日本の建築をはじめとするあらゆるデザインにおいて見られるファサーディスムの内容的混乱と手法的疲弊は、白井が腕をふるうような本格的なフロンタリテの前に出ると、どうしても影のうすい倫理性の希薄な、いわゆるだらしのないものに見えてしまうのはやはり否定できない事実なのだ。他方、そのような環境の脆弱さは、白井の設計における、言葉の正確な意味での古典的な正面性がますます際立つために、絶好の土壌を提供しているのである。穿ったいい方をすれば、白井のデザインは、周囲の環境のそのような脆弱さを滋養源にしている。白井の建築も、ブック・デザインも、それから彼が自らの肉体の上に企てる衣服哲学やふるまいも、そのようにしてまさに「亭々と松のやうにそそりたって」いるからだ。

白井の建築のフロンタリテに関して、非常に興味深い

親和銀行本店（1967、70）

内容を告げようとしている作品は、数年前主要部分が完成した、佐世保の「親和銀行本店」である。いうまでもなくフロンタリテの最も原理的な様相を享受できる位置は、記念写真を撮影しようとする写真師の位置に似た場所であるが、惜しいことに佐世保の「親和銀行本店」の場合には、建物の直前にアーケードと称する奇妙な商業的街路施設が視界を横断している。その結果、正面性のためのスウィート・スポットが失われてしまっている。したがって私たちはその秀れた建築の相貌の全体を一目におさめるには、ある種の想像力と、詳細に描かれた立面図などの助けを借りて、架空の視点を設定してからなければならないが、一度そのような定点に立ってこの建築を考えると、そこに私などは、きわめて意味深長な光景に出会うように感じる。

「親和銀行本店」の外貌は二つの建築的量塊が一対になって構成されている。むかって左側の、虚無僧のかぶる深い編笠に似たブロック（つまり営業室の非常にスケールの大きい吹抜けをつつんだ部分）と、右手にみえるキャンティ

親和銀行本店　立面図

レバーで張り出された（いわゆる原爆きのこ形の）白トラバーチンのブロックと。設計者の美意識によって研磨されたこの二つの形態をじっと眺めていると、私はいつでも不思議な連想にとらわれて、ひとりで戸惑う。それはあの能楽などに原型をみる、松の枯葉を掃く高砂の尉《じょう》と姥《うば》の一対の肖像である。つまり、そこでの翁は、楕円型の太い柱に乗ったような白い石壁の建築的量塊であり、嫗は、なにかきちんと正座した女の姿勢を思わせる営業室の外部形態である。もしいつの日か銀行の前の街路屋根がとりはらわれ、十分な引きをもってこの建築にカメラがむけられたとしたら、その現像液のなかからあらわれてくる影像は、中年から老年にかけての男女が、なにかの祝儀に撮ってもらった記念写真のように、見事に安定したバランスを保つ、一対の建築的身体の画像を浮び立てるにちがいない。

　私は数年前、ある建築雑誌のために、その頃完成した白井の自邸「虚白庵」（1971）について書いた。ここではその内容をくりかえすことはしないが（「呼びたてる〈父〉の城砦」参照）、私の基本的な骨子は、その空間が何かある偉大なものに捧げられた空間であった、という点にあった。白井の建築は「友よ……」と語りかけながら、ともすれば矮小化するひとの生を窘《たしな》め励ます。そこに設計者としての白井の心理的な構えの基礎があるけれども、それが建築の言葉として発せられるには、隠されたある屈折があるように思える。いいかえれば、白井自身が建築を通してそれを語るという直接的な径路ではなく、何かそうした言葉にふさわしい雄大な存在に一度建築を捧げた後に、その存在が発する言語として呼びかけを実現するという、少しばかり手の込んだ操作が行われている。この場合、激しい憧憬と尊敬とともに建築が献じられるその存在に、はっきりしないまま私は《父》という言葉をあてた。そのような発想を得た契機としては、「親和銀行本店」での空間的な経験があった。

今でも私はこの視点の有効性を信じている。ただ、最近あらためて「親和銀行本店」のフロンタリテについて考えながら、全く私がうかつにも見落していたもうひとつの側面、結論を先にすれば、白井の設計に秘められた《父》性への配慮に対応して潜在している《母》性への思慕といったものにふと思いあたったのだ。たとえば自邸のなかに宿る説明しがたい暗さも、私が書いたように、「それは何か大きなもの、つまり私が《父》と仮に名づけたものが宿るべき黒い樹液」であったことは確かだが、《父》はしばしばその闇を訪れる者であっても、闇そのものではないことを、私は闡明《せんめい》にしなかった。闇はまた別の存在、《母》性であり、もっとはっきりいえば母胎の内の暗さと理解してよかったのである。とすれば、白井の自邸「虚白庵」は、《父》への畏怖であるとともに、胎内回帰願望、《母》性への郷愁によって塗り籠められていたことにも気付かずにはいられない。そしてこの建築的両義性を、自邸の完成の数年前に白井は「親和銀行本店」のファサードで、きわめて明快に論理的に表現していたのだ。私が先に翁と媼の像として見たような一対の建築的形象は、いわば白井がつくった《父》と《母》の肖像画なのである。断っておくが、私がここでいう《父》と《母》は、白井の肉親としての父や母とは直接的な関係は全く考えていない。それはあくまでもアイディアルな構築体であり、それが白井の履歴に符合する必要はあまり強くない。

ところで白井は直接的ではないにしても、その《父》性と《母》性について語っている。独特の隠喩に満ちた二つの文章、「豆腐」と「めし」でそれが語られている。まず「豆腐」について白井は次のように書く。

「これ以外のものをゆるさない形と、色と、物理的性質に到達し、いや、人間のために満足な《用》となって奉仕するものを完全というならば、われわれは豆腐において、具体的な生活のために具現された、一つの《完全なるもの》を見ることができるのである。」

「舌上の混沌の重さと熱感が、われわれの生命と一体となる過程——完全なる不完全に変位しつつ、人間の生活に還元する瞬間に、豆腐の存在の絶対があると考えねばなるまい。人間はここで豆腐の形や、色や、物理的性質を併呑することとなるが、又豆腐の生命たる《用》の中に人間が併呑されることでもある。」

「混沌が完全になり、完全なるものが不完全なものに破壊され、ついに又完全なるものに還元されてゆく、このような豆腐づくりの過程の一つ一つに内包される《こころ》と《常》の理性と、この理性をつつむ美は、父祖のときから淳朴な生への謙虚な祈りによって《用》のうちにかくの如く生きてきた。」

私はこの文章に込められたキラキラとしたメタファーの輝きについてあまり説明を加えたいとは思わない。完全なものが不完全なものに砕かれ、ついにまた完全なものに還元されていく過程は、すべての《父》が《子》に関して運命的に背負う行路ではなかろうか。「用」つまりはたらく《父》は、「こころ」と「常」の理性において永続する性なのだ。

「豆腐」が《父》の隠喩だとすれば、「めし」はまた《母》の心をつたえる。《母》性の存在についての彼の記述にはさらに光彩がある。

「日本の《家》は母の愛を中心に大きな自然の意志をもって個人を止揚する毅然たる秩序に支えられているところに特色がある。愛情と徳の秩序のあるところ、世界観は必ずしも同じである必要はない。私はここでは、日本的社会の渋滞が西欧十九世紀の個人主義の篩にかけて摘出される適確と不運を、《母》の愛と《めし》の用の中に揚棄したいと思う。母の給仕は空虚な仕事の反覆たることを許さない。平衡と調和の配分の後、櫃の中にはしばしば《めし》は祈りと愛の故に一粒も残さないのである。母の生命を支える《めし》は犠牲の愛としてしか残っていない。しかしこの小さいコミュニティを、異った世界観をもっても分裂させず、内部から繋ぎ堪えるものは不幸にもかかる悖理であり、常に《めし》の《用》を極限に高めた《母》の犠牲であった。個人から共同体に進展する過程に、もし閉された社会を定着させたといわれる禍根の日本的《家》をどうしても前提しなければならないとすれば、また、《めし》の究竟の《用》を成就するために、社会と政治の悖理とたたかう善意がこの無私の愛から生れ、受けつが

親和銀行本店　営業室

れないとすれば、《母》は天を仰ぎ地に哭するも瞑することができない。」

美しい文章だ。母の犠牲を、「めし」とそれをおさめる櫃のなかから透視する視座が、これほどまでにやさしく慈愛にみちた《母》の像をむすばせるとは！　しかも母の愛を、社会と政治の悖理《はいり》不条理への闘う子の意志へと直接伝えようとするロゴスのたくましさは、ほとんど心憎いばかりだ。

建築へ話をもどそう。必ずしも「豆腐」の形象に連想していうわけではないが、白井の建築において、《父》性に対応する建築的語彙は一連の、直方体の空間に表徴されている。「親和銀行本店」のトラバーチンの量塊、「親和銀行東京支店」の頭部、原爆堂のテンプル、さらにさかのぼれば「雄勝町役場」の原案。他方《母》性の表現は、多分に洞窟的な内部空間をもつヴォキャブラリーの系譜。「親和銀行本店」営業室の内部、「大波止支店」のホール、「東京支店」の地下営業室、「原爆堂」の地下空間など。《母》性の表徴として、白井の創造の軌跡において忘れてはならないのは、木造を中心としたかなりの数にのぼる住宅作品である。

かつて白井は韮山の江川邸をとらえて「縄文的なるもの」を謳いあげ、「武士の気魂そのもの」としてそれを讃美したけれど、それとは裏腹に、彼の住宅の多くは男性的な気骨や雄勁な構成を誇示するよりも、むしろ逆にどこか女性的なやさしさをより多くにじませている。私にはいつもそれらの建築は王朝期の、特に平安朝の世界の残像のようなものにみえてしかたがない。その印象は、ひとによって「マニエリスム」という言葉を用いるほど、多様な材質や変則的な工作（特に天井の処理など）がみられる室内の様相をみて、なおさら強い。それらの住まいは、書でいえば骨法の厳しい漢字ではなくて、まさに王朝風の流麗な仮名文字を思わせる。白砂の照りかえす明るい光の世界を支配する男たちの昼にかわって、殿舎の奥の闇に蹲り暗い夜とその闇を支配し異性を待つ女たちの世界にふさわしい何かがそこにある。

ただそのなかで、唯一「女」を感じさせない建築は、基本的に、はたらく(例の「用」にたずさわる)男たちのための「書屋」とか「アトリエ」である。「増田夫妻のアトリエ」(1959)、「呉羽の舎」(1965)の書屋の完成度を私はとても好きだ。その種の住宅では柔和で流麗な雰囲気は厳しく払拭され、プランは明快な幾何学的矩形をまもり(あるいはその複合)、畳は少なく、板の間か土間が広く、その中心部に大黒柱を思わせる象徴的な柱が立つ。つまり、江川邸の「武士の気魂」や、完全なる「豆腐」の精神が、《父》性の体現として移入されている。しかしこのような、住宅における《父》性の表現は、白井の場合、どちらかといえばいつも副次的な位置におかれている。つまり主にアネックスか、それに近い別館的住宅として《父》性の空間は存在し、そのアネックスはメイン・ビルディング、白井の用語でいう「主屋」、一般的な言葉でいう《母屋》を前提していることを、私は指摘しないではいられない。この建築を通しての男と女の関係、つまり《父》性の位置と、《母》性の主座性格にも、なにか白井の王朝的な世界へのまなざしを私は感じるのだが、どうだろうか。

白井の建築に接しはじめた者がすぐに気付き、また長い間その魅力にとらえられている者の思案の種は、彼の設計のなかに、《円》あるいは《円》を予測させる円弧や、さらには《円》の立体形としての円筒の空間が、しばしば、濃密な執着として顔を出している、という事実である。《円》はその建築のあらゆる場所を修飾し、空間に暗号をもたらす。思いつくままにあげてみてもよい。

まず、徹底した円柱好み、白井の建築に四角柱を見出すことは意外にむずかしい。角柱としては、せいぜい八角形の断面を持つものが限度であり、この八角柱は、本来角柱であるよりも円柱のもつヴォリュームに近い効果を特徴としている。木であろうと鉄骨鉄筋コンクリートであろうと、あるいは豪華な石貼りのものであろうと、多くの場合、柱は円柱として登場する。「浮雲」(1952)から「煥乎堂」(1954)、「松井田町役場」。時にはフリューティングがつけられる。「原爆堂」のテラスや「親和銀行大波止支店」の例がそれだ。続いての平面上の《円》は一八〇度、三六〇度の螺旋階段。これも多い。そしてセクションにおける半円アーチの氾濫。これは最初期の伊豆「歓帰荘」(1937)の戸枠あたりにはじまり、ドア、室内の開口部、窓、玄関などに頻繁に用いられて今日にいたっている。小さな部分での《円》は、パラペッ

親和銀行本店

トなどに使われる有孔ブロックがそれであるし、また窓その他につかう金属製のスクリーンにみる連続する円の装飾模様もなじみ深い。その他、円型の照明具やトップライトやペンダント、また円型の炉、といった具合に。前にもふれたように、この《円》の開花への執拗さは、一種の暗号なのだ。白井はそこに何かを暗示しようとしている。

もっと高度の操作をうけた《円》の活用もある。先にちょっと指摘しておいたように、白井の作品には、円柱の他に八角柱が比較的好まれている。たとえば「善照寺」の列柱や「呉羽の舎」の書屋の大黒柱風の独立柱などは、空間的な変化に絶妙な効果をもたらしている。私は一つのヒントをそこから得る。つまり正多角形は、《円》に内接しながら、角数を増すにしたがって正《円》に近づく、という視覚力学的なヴェクトルを内蔵しているのだ。それはいわば《円》へと帰依しようとする心根として、《円》そのものよりも《円》をひとの心に渇えとして喚起する。

この原理を白井が別な部分、思いもかけない場所に利用して、すばらしい効果を得ていることは、案外気付かれていない。というのは、例の《切妻の時代》の建築の、切妻の屋根の角度のことである。白井の中期の代表作である「秋ノ宮村役場」と「善照寺」の屋根の美しさの理由がそれで解けるかもしれない。つまり、これらの屋根の断面は《円》に内接する多角形の二辺ではないか、と考えることができるのである。屋根の角度を図面や正面から撮影された写真を通してはかってみる。ほぼ正十角形の内角に近似している。数値が計算上のそれと完全に一致しないのは、おそらく建築が下から見上げられる、という一般的な性格からくる視覚上の変化が考慮に入れられているからだろう。白井はその種のちょっとした処理と、しかも軒の出を深く大きくとることによって、屋根にかかる下の建物自体のヴォリュームの支配を脱却させておいた後、切妻のゆったりした屋根に直面するすべての者に、深く大地の中にくい込んで完結する巨大な多角形と、それが内接している《円》の完全性、文字通りの円満を、無意識のうちに読みとらせていたのである。人々は《円》を、屋根の切断面を通して、ちょうど水面上に見える小さな氷の白いかたまりの下に、巨大な氷山の量塊を予感するように、感取する。と同時に、彼らはその未完の《円》に抱擁されてしまう。

「松井田町役場」バルコニーにみられる大きな半径をもつ円弧も、同じような手法から編みだされたデザインであった。ここでは敷地とアプローチの関係から屋根の効果は期待しにくい。そこで建築の前面に長径の《円》の断片をもって内にえぐることによって、そうした大きく完全なものへの帰順を求めている。同じ手法は建築の内部空間にも効果をあげている。「善照寺」の仏壇の上の天蓋の放射状の円弧の効果、あるいは「親和銀行大波止支店」の吹抜けの客溜りをつつむ外壁の、内部空間に与える安定した円曲面の効果などがそれである。

ところで、白井のこのマニアックな《円》への執着と、それの多彩な変奏が、何かの暗号であったとして、はたしてそれは何を隠喩しようとする記号であったのだろうか。この問題について考える時に私は、ふたたび白井の建築における《父》および《母》への意識という先に説明した仮説を考えないではいられない。つまりこういうことだ。白井の建築における《円》は、なぜか失われた《父》性への憧憬と、どこまでも親しい《母》性への思慕という二つの対立する極地の間で制作をつづける白井自身の、《子》としての立場の表徴、いいかえれば二つの極の間における《子》としての円満さの建築的な表現の重要な代価であったのではないか、ということである。この種の《円》のイメージは、林芙美子の小説に登場する若き「S氏」や「成一」の心理のなかに垣間みられたものであったが、やがてそれが建築家としての成熟のなかで、白井の建築自身の意匠に実ったのだ。かつて林の小説のなかの若者が「全身心全心力をもって」恋人を抱きしめようとしたように、白井はその古典主義的な手法の円熟によって、自分の建築に向かうものすべてをその全き完結のなかにすくい取ろうとした。

白井は中国の「天壇」について書いた。その時の彼の礼讃は、その建築が《円》の建築であったからであることを自分自身で意識していただろうか。それは意識以前の選択であったかもしれない。いいかえれば《円》は白井にとってアプリオリな建築的認識形式なのだ。白井はカントに没頭した。カントはコペルニクスを敬慕した。コペルニクスは真円の軌道に地球を動かした……。とすれば、白井の《円》はまた、《子》としての地動説であった、ともいえよう。

白井の建築的地動説が最も純粋に具現した傑作は、「親和銀行大波止支店」の建築であろう。そこでは《円》が実に見事に弧を描き、古典的なバランスとプロポーションを背後で支えている。この共鳴する円と円弧の世界のなかで、唯一の異端は営業室の化粧蛇腹と、そこにあけられた空調ノズルである。それは《円》ではなくて《楕円》である。このコペルニクスからケプラーへの物理学的考察の移行を連想させる新しい幾何形態の誕生は、やがて一気に「親和銀行本店」へとなだれこみ、ほとんどそこを占拠したことはよく知られている。設計者が「親和銀行本店」の設計にあたって、バロックへの共鳴を表明したのは当然であったろう。この建築についてはすでにこれまで多くの人々によって多くの批評や解説がされている。だからこれについてはふれないで終りたい。ただ「親和銀行本店」は白井の建築創作の到達点というよりも、新たな段階の出発点と考えたい、ということだけは書いておかねばならない。おそらく《楕円》の時代にはまだ奥行きがあるはずだ。《父》と《母》という、対極的でしかも互いに引きあう複合的な中心の間を、《子》としてゆれうごきながら、その常に和合と反目の表裏する関係を、より柔和な安定した軌跡によって包み込むという、すでに《子》としての立場の離陸を予感させるような設計者の壮大な《楕円》の企ては、まだ始まったばかりなのである。

（一九七四年記）

浅草の〈過去〉に棟梁の子が見た〈未来〉

論考——山口文象

やまぐち・ぶんぞう　1902 〜 78

東京浅草生まれ。1918 年、職工徒弟学校卒業。1920 年、逓信省営繕課雇員。1923 年、製図工たちで「創宇社建築会」結成。内務省復興局などを経て、1931 年に渡独し W. グロピウスに師事。1934 年、独立（1953 年より RIA 建築総合研究所）。戦前戦後の建築運動のリーダーとなり、作品と組織設計の両面で日本のモダニズムに貢献した。戦前のダム施設や橋梁などの土木構造物の設計でも知られ、和風建築の隠れた名手でもあった。

おもな作品に、日本歯科医専附属病院（1934）、関口邸茶席（1934）、番町集合住宅（1936）、日本電力黒部川第二発電所（1938）、林芙美子邸（1940）、久が原教会（1950）、朝鮮大学校（1959）、新制作座文化センター（1963）など。

1

古い手帳を繰ってみて、それが一九七七年の五月、憲法記念日と子供の日にはさまれた、いわゆるゴールデン・ウィークのなかの四日であったことを思い出す。私たちはその日の朝、いまは姿を消してしまった数寄屋橋の朝日新聞本社の前に集まって、山口文象先生を待っていた。十時をすこしまわったころに山口さんはあらわれた。その日の集まりの狙いというのはほかでもない、都内にいまでも残っている山口さんが設計にかかわった建物や橋をおとずれて、設計者自身から当時の思い出話を聞いて参考にしよう、というものであった。「朝日新聞社」(1926)にはじまって「浜離宮南門橋」、「清洲橋」(1928)、「日本歯科医専」(1934)、「酒井憶尋邸」(1937)の順でまわる予定がたてられていた。いま考えてみれば、先生の突然の訃報を聞く、ちょうど一年前のことであった。山口さんは、ときどき体に不自由さを感じる仕草は見せられたけれど、それ以外はお元気で例の歯切れのいい江戸っ子口調で、それぞれの仕事を前にして、回想をまじえながら自らの建築観を私たちに披瀝して、同行者たちの耳を傾けさせた。

そんなに見るところのある建物ではないよ、といった調子で足早に「朝日新聞社」の中を歩く先生の後について見学したあと、浜離宮わきの橋——山口さんが自ら「ロマネスク風」と呼んでいた南門橋の方へ移り、さらに隅田川に震災後架けられた橋のなかでもっとも美しい姿を持っている橋と評判の高い「清洲橋」の方にまわった。それを見終った頃は、もう昼食の時間を過ぎかかっており、どこかで食事を、ということになった。やはり先生の生地が浅草ということから、近くの駒形の「どぜう」ではどうだろうと話はすぐにまとまった。震災、戦災で焼けたうえ、最近新しい建物に建て替ってしまって、山口さんが少年の頃に知っている店の感じとはまったく違うにしても、老舗《しにせ》らしい雰囲気は残っている店の二階に上って大広間の一隅の卓を囲んで坐った。ここら駒形あたりは、生まれ住んでいた浅草田町から、蔵前の高等工業付属の職工徒弟学校へ通学するために毎日のように通っていたところだ、というような昔話を聞いているうちに、注文しておいた柳川鍋と御飯に味噌汁といった料理が出てきた。みんなが鍋をつついたり御飯を喰べはじめているのに、ふと見ると、どうしたわけか山口さんだけが、なにかに途惑《とまど》ったように、膳の上やそのまわりを眺めまわして思案しておられる。どうかなさいましたか、と横から声をかけると、ひとこと、ご飯茶椀がないね、という返事。そういわれるまで別に気にもとめなかったけれど、ご飯は蓋つきの小さな円いお櫃風の容れ物に入っていて、蓋をとってそのまま喰べるようになっている。私たちはそうやってすでに喰べはじめていた。ところが山口先生にいわせると、これはお櫃《ひつ》じゃないか、まさかこれで喰べるわけにはいかないよ、というわけである。先生はとうとう、味噌汁のお椀の蓋をとって、その上にお櫃風の黒い御飯入れからわざわざ箸で装《よそ》ってはじめて口

清洲橋（1928）

に運ばれたのである。私たちはみんな、山口さんの目にはお櫃にうつる小さな容れ物を手にもって、気にしないでパクパクやっている。その不作法を格別不作法とも思わない姿と、山口先生の礼儀正しさ——底の浅い汁椀の蓋をきちんと手にして食事を摂られる姿がいやに対照的だった。もうだいぶ前のことになるにもかかわらず、その時のことがいまでも私の脳裏にあざやかに思い出される。

山口文象という建築家は、戦前の日本の建築界にもっとも早く、〈合理主義〉の建築手法を実際の建築の上に示した先駆者の一人ではなかったか。その人が、お櫃と飯茶椀の違いにどこまでもこだわっている。一方、〈合理主義〉といった号令や理論をさほど意識しないで育った若い世代の私たちが、まさに「どぜう」料理屋にまで浸透したかにみえる食膳の合理化による飯茶椀の省略を、なんの抵抗もなく受け入れて平気でいることができる。それだけ日本の〈合理主義〉が日常化し、普遍的なものとしてひろがったということができるのと同時に、山口文象の〈合理主義〉は、お櫃と飯茶椀をけっして同一視することができないところでの〈合理主義〉であることを、私はその時に心の中のメモに密かに書きとめた。

山口さんの身体には、出生地であり育った場所でもある浅草がいまも生きている！　とふと思い知らされたのだ。駒形の老舗でさえ捨て去った昔のしきたりや生活様式が、山口さんの身体の中ではまだしっかりと生きており根を降ろしている。とすれば建築家山口文象を、日本の合理主義建築の先駆者として強調するだけでなく、東京の下町中の下町、浅草が生んだ建築家としてとらえなおすこともできるのではないか。私は、汁椀の上にのった白いご飯のなかに、私の山口文象論の貴重な糸口を見たのである。（以下敬称を省略）

2

しかし、山口文象は生前、彼が生まれ育った土地のことを尋ねられた場合には、その場所をなつかしいものとして、あるいはある種の感傷的な気分に誘われるものとして語ることはほとんどなかった。山口は彼の〝故郷〟である浅草をむしろ心の奥ではっきりと嫌悪しているのではないか、と聞く者に思わせるほど、キッパリした調子で、その土地の素姓を暴露してみせた。自分が育った町について、そこが「スラム」であったと、彼はくりかえし語っている。

「地面は黒い、屋根の瓦は黒い、ブリキにはコールタールを塗るで、色のない、まったく暗たんとした街でしてね、われわれの育ったスラム街は……」[1]。「私の親父っていうのほ、そのスラム街にいた大工の棟梁なんで」[2]。「私が生まれて育った時分は、あのへん緑なんかまったくなくて、この間とりこわした千住のお化け煙突ね、あの火力発電所から出た石炭ガラを運んできて、田圃を埋め立てたのですから、地べたというのは、もともと黒いと思いこんでいたんですね」[3]。

山口の描写によれば、黒々と塗りつぶされた画布のような「スラム」の世界。そのなかに、明治三五年一月十日、父山口勝平、母ム稔《いち》との間の次男として浅草区田町一丁目十一番地に彼は誕生した。名前を山口瀧蔵と名付けられた彼の上には二人の姉と一人の兄がいた（その後この家族には二人の弟と一人の妹が加わった）。父勝平は「大工の棟梁」であったが、それも町場のたたき大工ではなく社寺などもあつかう宮大工であり、腕の立つ職人であったらしい。「その親父の親父、私の祖父になるのが宮大工で、親父もやはり宮大工をやっておりました」[4]。山口によれば、彼の父親は、「小さなお寺の本堂だとかお宮さんの建物とかをこさえておった」けれども、「明治の中期でもう宮大工の仕事も少なくなり、……だんだん落ちてきまして、いまお話しましたような棟割長屋に住んでいた」[5]。「とにかくそういう下町の、いちばん底辺の生活だったんですね。毎日おコメの十銭買いとか、一合買いとか、五勺買いとか、小さな風呂敷を持って買いにやらされた」[6]。

山口瀧蔵少年（彼はその後、文三→蚊象→文象と名前を変えている）[7]をかこむ家族と、その生活環境について、ここで一応簡単な整理をしておく必要があるだろう。宮大工であった彼の祖父、山口源右衛門（妻とせ）は新潟県に生まれ、後に茨城県の筑波山の西、石下《いしげ》町に住んでそこで仕事をしていた。その地の某寺の玄関車寄が祖父の仕事として残っているとも聞いた[8]。父勝平は、その石下町生まれの母ム《い》稔《ち》と結婚して、明治の中頃に東京へ出てきて浅草に住んだ。勝平はその頃から社寺建築や武家や貴族の屋敷を得意としていた清水組（現在の清水建設）となんらかの関係があったらしく、清水組が鐘ヶ淵紡績の建設工事を請負った時、大工としてその現場で働いたりしたと文象は語っている[9]。

そうした言葉をもとに、山口勝平と清水組とのかかわりをあらためて調べてみると[10]、その関係は想像以上に深いものがあったことがわかってくる。臨時雇いの大工と元請といった一時的な関係にあったのではなく、「殊ニ大工ノ如キハ、寧ロ準店員トモ云フベキ位置ニアッタ」[11]らしいのである。たとえば大正十年の清水組の「手斧始め」（出入り大工棟梁による新年仕事始めの儀式）の記録をみると、十七人の「式役」のうち「糸引」の役を受けもつ棟梁として、山口勝平の名を見出すことができる[12]。また大正八年の清水組の出入り大工を差配する城山嘉四の襲名後の初会合に集まった二四名の棟梁のなかにも、彼の名前が入っていることでもそれがわかる[13]。大正時代の清水組の大工工事を進めるもののなかで、山口勝平の存在はかなり重要な、おそらく十本の指のうちに入るぐらいの優秀な職人であったことがそれらの記録から推測される。勝平は彼の父親源右衛門から、小さい時から大工としての技術や心得を体で教え込まれて腕を上げたにちがいない。そしてその勝平もまた、彼の長男である順三（文象のすぐ上の兄）をそのように仕込み、腕のいい大工として育て上げもした（順三については後述する）。

その辺のことを、山口文象の実弟、建築家山口栄一の父親を回想しての談話によっておぎなうと次のようになる。(14)

勝平は清水組の十二人の「月番棟梁」の一人であり、技術的には非常にたしかなものを持っていたと思う。碁が好きだったが、日頃あんまり威勢がいいという方でもなかった。家にいつも五、六人の大工見習いがいて、彼らに仕事を教えることには、とても厳しかったたし、そのためにはよく手もあげた。長男の順三もよくなぐられたが、不思議に文象はなぐらなかったように記憶している。父勝平は、かまわずひとを動かすところなど、兄文象と似ているかもしれない。しかし清水の月番棟梁といっても、昔の

両親、兄とともに

職人は儲けるとか貯めるとかいった考えは全然ない。だから貧乏だった。それはえらい貧乏だった……と。

その山口家の家計の苦しさも少しは関係していたかもしれないが、瀧蔵少年は、明治四三年、満八歳の時に、近所に住んでいた岡村幸三郎の養子としてもらわれて行った(15)。岡村幸三郎ほ、前記山口栄一の回想によれば鳶職の頭《かしら》であり、彼の妻が瀧蔵少年の叔母（父の妹）きんであったことから、養子縁組が成立したといわれている(16)。養父幸三郎は鳶職人らしく華やかでいなせな性格であり、背中に刺青をしたり、お祭りなどには御輿の上に乗って先頭に立って指揮をとったりして、それこそ土地の芸者衆に「キャアキャア」いわれるような人物であった、という。岡村の山口家とのそもそもの出会いがいつどのようにしてあったかは不明だが、大工棟梁と鳶職という仕事上の関係に強いつながりがあったことは容易に推測がつく。

山口文象は生前、ある雑誌の編集者のインタビューに答えて、その当時を次のように語っている(17)。

「実はね、僕の親父は浅草の職人だったんです。ところが道楽者でね。本職なんかほったらかしで、寄席をやったり芸者屋をやったりでね。」「ご存じの通り吉原は近いし、まわりが色街ですから、父

明治末年、浅草六区のにぎわい

の道楽は男の甲斐性だったんでしょうね、きっと。」

ここで山口が「僕の親父」と呼んでいる、「道楽」を「男の甲斐性」と思っていたような男が、文象の実父勝平なのか、養父幸三郎なのか残念ながらはっきりしない。このほかにも私をふくめての何人かの個人的な集まりで、山口文象に昔話を聞いた時にも「道楽者」の父親の話が出て、その親父に「おめかけさんがいた、だから芸者にかぎらず商売女はだいきらいなんだ！」と語調厳しく語り、下町のそういうめちゃくちゃなところが身にしみていやだった、と彼が回顧するのを直接私も聞いたことがある。(18) その点について文象の実弟栄一に後にたしかめたところ、道楽とか・め・か・けといったことは山口勝平には性格的にも経済的にもとても考えられない、それは文象の養父幸三郎のことではないか、という返事が返ってきた。

「そうですね、場所が場所でしょう。吉原だの、芸者屋だの、寄席だの、芝居小屋だのの真っただ中ですからね。話は横道にそれますが、僕はそういうものの裏を隅から隅まで見て育ちましたから、芸者だの料理屋だの待合だの、水商売の女も男も大っ嫌いです。絶対に嫌いです。今でもホステスなんかいる所は大っ嫌いです。(19)」

夜の闇のように低い家並のうえに降りてきて動かない貧困、そうした「スラム」の経済的な動揺がもたらす、養子とか妾といったものにあらわれる家庭の完結性の破綻、またそんな人と人のつながりの破れ目をつなごうとする下町特有の共同体的心理――人情とか媚《こび》などが、長じて浅草を脱出して、自分の仕事と家庭をしっかりと築き上げた山口文象の目には、うっとうしい、ほとんど唾棄すべきものに思われてきたのも、なにかわかる気がしないでもない。彼がくりかえし「大っ嫌い!!」

と叫ぶようにいう言葉の響きが、いまでも耳に残って思い出される。

山口文象は、岡村家の養子になったあとも、山口家から完全に離れたのではなく、それまで通りに実父実母との深いかかわりのなかで生活していたらしい。(20) 文象は小学校のころ、実父勝平に、ノミやカンナを研いでおけ、と命じられたり、何か物を作っておくようにいいつけられたりした、それが「ものの組み立てを知るのに役立った」と回想している。また小学校の五年の頃（浅草富士尋常小学校）、山口の家が今でいう〝破産〟のようなうき目にあい、極端な貧乏暮しを余儀なくさせられた折、母親の内職を手伝ったことも話している。その内職というのは、おもちゃの刀の柄《つか》の木部の上に、真田紐を巻く仕事であり、それが出来上がると、浅草から三輪の問屋へ運ぶお使いにいったりした。それから煙管の鞘つくり。これは、厚い和紙で〝かんじんより〟（観世小縒《こより》）をつくって、型《かた》の上に糊をつけて巻いて行き、あとで型を抜いてつくる内職である。文象は「僕は紙縒《こより》の名人です」(21) と笑って後に自慢したほどであった。そうした作業は少年にとってけっして面倒ないやなことではなかったと彼はいう。「決してつらくなかったです。母とよもやま話をしたりして楽しかった」とある時彼は私にも語った。(22)

3

山口文象が生まれ育った明治末から大正はじめにかけての浅草田町一丁目という場所は、実際にはどんな町であり、どんな環境におかれていたのだろうか。山口自身の言葉を引用すると次のようになる。

「浅草公園の裏のほうに、昔の売春地区で有名な吉原がありまして、その吉原と浅草公園のちょうど真ん中にあたりますね。公園のすぐ裏に小さな堀がありまして、堀の近所はずっと三業地帯で、芸者屋だとか料理屋だとかがありました。この区域を少し先へ行きますと、よく歌舞伎に出てくる馬道から吉原土手ですが、そういう空気に包まれた土手の近所は貧民窟になっていました。その土手のふもとで生まれたわけです。今でいうスラム街ですね(23)」。浅草寺からみれば田町はその北側、吉原の南に位置している。田町はかつては浅草寺の「領内」。「領内と称するは、南は諏訪町、東は浅草川、西は田原町、北は田町を限りとす」と「浅草寺志」にも書かれている。田町は「浅草区史」によれば、昔は「泥町」と呼ばれていたらしい。もともと湿気の多い沼地であったところへ、明暦三年、新吉原が神田から移転してきて、次第にその周辺の都市化がすすみ、「泥町」となり、やがて「田町」となった。山口が回顧する「石炭ガラ」で黒くなった地面も、そうした沖積地特有の沼地であったことが関係していたのはいうまでもない。

観音様と三社様の間を抜けて、公園の真裏へ出て、そのまま真っすぐ北へむかうとつきあたりに、「お富士さん」の名で知られる象潟《きさかた》町の浅間権現社があり、それに向かって左手に象潟警察署、右手に文象が通った富士小学校がある。「そのお富士さんの裏あたりが、ちょうど私の生まれたところらしい(24)。」

当時の地図をたよりに、田町一丁目十一番地を探すと、浅草寺の東側、馬道町の通りを北へそのまま進んで、日本堤の土手にぶつかる少し手前で東へ道が少し曲がっているその辺の西側に位置した場所であることがわかる。さらに詳細な地図でみると、この十一番地はその敷地の中に千束町、田町二丁目の方に抜ける路地があることがわかる。路地は当然長屋群の存在を連想させる。この路地をはさんだ両側の長屋の一軒が山口文象の生まれた家であったのかもしれない。もしそうなら、その場所ほ、「スラム」といった近代的な視点からの評価はともかくとして、江戸から東京にかけての下町に典型的な家並みと景観を持った町であったにちがいない。路地の両側に大部分が平屋の長屋（ハモニカ長屋）が並んで、それが表通りから引き込まれた横丁や袋小路の小さな共有空間をつくり出している。路地に面している建物の前側にはおきまりの格子が入り、おかみさんたちが拭き込んで黒びかりするほど掃除はよく行きとどいている。各戸は六畳と四畳半の二間ぐらいか。『こんにちは』ってひと足格子をあけて入るともう裏口へ出ちゃうといったような、またお隣りで夫婦げんかが始まるとようく聞こえるという、ほんとうに噺家の話に出てくる熊さん、八っつあんの長屋でした(25)」。住人たちは職人や人夫、小商人《こあきんど》、それに場所柄から、芸人や下積みの役者、寺の境内や吉原の下働きで生きている人たちの家族が大部分であっただろう。長屋の前の小路の真中には、例の溝《どぶ》板がかけられていて、住人たちや通りぬけの人たちが、いろんな響きでそれを踏み鳴らして行く。溝板の下は排水溝だが、これもいまのようなコンクリート製などではなくて木製の凹型で、この溝の先のどこかに長屋中で使う井戸がある。大雨が降ると水があふれて溝板が流れて大さわぎになり、また溝がつまるとそこら一帯に異臭をはなつ。この溝は小路から表通りへと次第に大きくなって行き、やがては隅田川に流れこむ(26)。長屋街の特徴は「貧乏者の子沢山」で、にぎやかな子供たちの遊ぶ声が一日中聞こえる。大人たちは家が狭いから自然と「おもてへ行って遊んどいで」と外におい出す。男の子は男の子、女の子は女の子で集まって遊ぶ。男の子の方には自然にガキ大将が決まり、彼の勢力範囲で、〝縄ばり〟も定まってくる。

「僕、小さいときは、かなりの不良だったかもしれない。いたずらっ子で、田町の文ちゃんといったら、これでもちょっと名が通っていたんですね。その時分は町内町内に、それぞれグループがありましてね。つまり縄張りというのがあった。」「田町の相手は千束町。千束町というと、建築家でいえば川喜田煉七郎さんが、われわれと同時代に育っているんだけれど、その時分はもちろん知らなかった。（中略）その時分の区画整理か何かで、あの裏のところが、砂利や砂の置場になっているんです。手ごろな飛道具があるということで、そこで石合戦。陣地の取りっこをするわけです。なかなか派手な喧嘩で、目に当たったり頭に当たったり、コブができたり血を流したり、相当スリルある喧嘩ですよ。その時分、いまの教育ママなんて世の中にいやしないから、好き勝手に喧嘩した。」「何しろ小学校の五、六年というと身体がよく動きますね。こんなこともあった。家が低いでしょう、ハモニカ長屋で。何かいたずらをして、大人におこられると、すぐに屋根に上っちゃう。そうすると、大人は下で丸太ん棒を振りまわして『このガキ、降りてこい』……とどなっている。（中略）こっちは屋根の上をトントン飛んで逃げて、ほとばりのさめた頃、下におりるというあんばいで、ずいぶん手におえないガキだった。(27)」

山口文象の少年期がほうふつとする情景である。しかもこのいい意味での「ガキ大将」的なリーダーシップや、勝気で外から強圧的にやってくる力にけっしてへこたれない性格は、成長したあとの山口の性格にそのままひきつがれているところはなかなか興味深い。

しかしそうはいっても私たちは、山口が自らの出生地について語る「スラム」という言葉の、やや凄惨な感じのする響きに、あまりとらわれていてはならないのかもしれない。彼がその言葉を使った時には、たとえば同じ東京の山の手や郊外住宅地などを頭に思いうかべ、その緑の多い、ある程度整備された生活環境や、そこに住む人たちの教育水準、所得水準などと比較しながらのことであったにちがいない。事実、経済や環境面での〝格差〟は、彼に「スラム」という言葉を使わせてしまうだけのものがあったこともたしかである。ただ一般に「スラム」と呼ばれるものが、単に経済的貧困や環境の劣悪さだけによっていわれるのではなく、それと一緒に教育とか文化といった側面での遅れをふくめて使われるものだとすれば、少なくとも明治から大正にかけての東京の浅草は、そのような単純な言葉で整理できるような惨めさだけに塗りつぶされた生活環境ではけっしてなかったことは、ここで一応私たちは注意しておかなければならないだろう。実はそのことが、後の山口文象の建築家としてのめざましい成長に深いかかわりを持っていると思われるからである。

ひとことでいえば浅草には〈文化〉があった、ということになる。それは最高級のものとはいえないまでも、最先端のものではあった。山口が私たちに直接語ったところでも「浅草には西洋の文化を引きうける態勢のようなものがあった。西洋から流れてきたいろんなものが浅草にあった」。学校が終ると浅草公園へ出かけていって遊んだ。「毎日がおまつりみたいなもの」だった、という回想に実感がある。山口の子供の頃の「六区」の見せ物なら、「玉乗り」「剣舞」「かっぽれ」「都踊り」や「浪華踊り」などの小屋が軒をつらね、やがて大正になるとオペラの全盛時代がやってくる。もちろん活動写真の小屋もあったし(山口は「ルパン」のジゴマのシリーズを楽しんだと語っていた)、「パノラマ」もあった。そしてそれらの見世物小屋を輩下に従えるようにして、平坦な下町の空にまさに「西洋」

を望み見させるような「十二階」（凌雲閣）の塔がそびえ、またそれと張り合うように観音様の朱塗りの本堂が立っていた。当時の東京の都市としてのにぎわいということからすれば、日本橋、神田を別にすれば、浅草のそれにかなう場所はなかった。しかもそれは雑然としているようでいてどこかに統一感があり、単なるおのぼりさん相手の盛り場ではなかった。山口によれば「今の新宿なんかより純粋できれいだった[28]」というような場所だったのだ。

一方、山口の生家からすぐの吉原土堤、あの芝居や落語によく出てくる土堤を五〇〇メートルもいけば吉原の大門に出る。子供の瀧蔵少年が遊廓の客となることはなかったにしても、彼の養父か実父たちには、江戸文化のひとつの拠点であったこの廓の空間は、ごく日常的なものであったにちがいない。彼らは時には客としても登楼したかもしれないが、それよりもむしろ大工棟梁、あるいは鳶頭として、その建設やメンテナンスにかかわっていた[29]。だから吉原の空間は瀧蔵少年（その頃はすでに「文三」と呼ばれていたかもしれない[30]）にとって、決して心理的に遠い存在ではなかっただろう。当時の吉原は、江戸時代のような格式と、洗練されたにぎわいは失われていたかもしれないが、それぞれの建物の意匠や材料、それがつくり出す特殊な街並みには、老妓の風格のようなものが依然ただよっていたことは想像にかたくない。浅草公園のなかに最先端の〈未来〉があったとすれば、吉原の廓内には最も鋭くみがいた〈過去〉があった。「水商売はだいっきらい！」という青年期から後の判断以前に、山口文象の内的な感覚は、この〈未来〉と〈過去〉の二つの方向から次第に独自のものを固めていたのだ。

土堤を反対に吉原を背にして、山谷堀を左手に見て下って行くと待乳山が見え、やがて今戸橋へ出る。さらに進むと大川（隅田川）の広い眺望のなかに出る。ここらあたりには永井荷風が名作「すみだ川」に描写した水辺の人々の暮しがみえる。「竹屋ノ渡」があり、渡船で桜並木が有名なむこう岸へ行くと帝大の艇庫や大倉喜八郎が建てた、いわゆる「大倉御殿」（別邸）がある。

「晴れ渡った空の下に、流れる水の輝き、堤の青草、その上につづく桜の花、種々《さまざま》の旗が閃《ひらめ》く大学の艇庫、その辺から起る人々の叫び声、鉄砲の響。渡船から上下《あがりお》りする花見客の混雑。あたり一面の光景は疲れた母親の眼には余りに色彩が強烈すぎる程であった。(31)」

荷風の、「すみだ川」の中の主人公長吉の母親お豊が、彼女の住んでいる「いつも両側の汚れた瓦屋根に四方《あたり》の眺望を遮ぎられた地面の低い場末の横町から、今突然、橋の上に出て見た隅田川」の風景がこれであった。この印象派の絵のような光の明るさと色彩の輝きのあざやかさが、一方が印象派の世界だとすればこちらはヤニ派の絵のような薄暗い視界になれ親しんでしまった一人の母をおびやかし、彼女をその場所から早々に立ち去らせるという、その短編のなかでも有名な場面である。

山口文象は、子供のころよく隅田川で泳いだと語っていた。もし「六区」に〈未来〉があり、吉原に彼の〈過去〉があったとすれば、隅田川のゆったりした清流には少年文象が裸身をひたすべき〈現在〉があったということができるかもしれない。同じ浅草で育った久保田万太郎（彼は田原町）は、「なつかしき水の匂よ」と書き、「隅田川の水の匂にそまった空」を小学校の教室から眺めて育ったことを書いている。(32)おそらく文象もまた、いまのように汚れていない水清き隅田川のゆうゆうたる流れが醸し出す澄んだ「水の匂」をかぎながら、自分自身の存在の活気に満ちた「現在」を実感していたにちがいない。そこには〈過去〉にも〈未来〉にもまだとりつかれない、〈現在〉そのものの明るさと輝きがある。考えてみれば彼が長じて、その隅田川の河口近く、あの清洲橋をデザインし下町に鉄の力感に満ちた構築物を架けたこともなにかの因縁であったといえる。彼はそこに彼自身の青春を具現し架け渡してみせたのだ。

ところで荷風の「すみだ川」の母親は「いつも両側の汚れた瓦屋根に四方の眺望を遮ぎられた地面の低い場末の横町」に住んでいた。この母親は多分そのまま、山口文象の母親の世界に重像《オーバーラップ》してしまうように私には思われる。もちろん小説の中のお豊は、文象のム稔《いち》や養母きんと同じではない。しかし彼女たち、浅草の女たちは、男たちの仕事や道楽の陰で、ひっそりと子供を育て、季節の移りかわりさえも忘れて、内職をしたり家事をしたりして暮していたのだ。文象がよもやま話を楽しみながら一緒に小縒《こより》を巻いて「楽しかった」のは、そんな暮し振りの母親と一緒にいる時のことだったのだ。考えてみれば、後に文象が「水商売や商売女はだいっきらい！」と叫んだのも、実はそのような圧迫に耐えてけなげに生きている堅気の母親たちへの同情と思いやりからだったにちがいない、と思いあたる。多感な少年は、父親の目ではなく、母親の目で彼の環境を見すえていた。

「『女遊びは男の甲斐性さ』。浅草の男の人たちは、みんなそう思っていたらしい。男だけではなかった。女の人たちさえ、そう思いこんでいた。そうは思いたくなくっても、そういうものだと、あきらめていたのだと思う」[33]。母親がかわいそうで子供心に口惜しい気がした、と書いているのは、あの『私の浅草』を書いた女優沢村貞子である。彼女もまた浅草寺の北、田町の隣り、千束町で生まれ、後にすぐそばの「馬道町の横丁で、六畳と四畳半の平屋」に移り、もう少しして一間だけが二階になっている「猿若町の家」で育った。生粋の浅草裏町っ子である。彼女の父は狂言作家。その関係もあって宮戸座などが近い浅草に住み、前記の通り大変な「道楽者」であったらしい。彼女の兄も弟も役者という演劇一家である。当然ながら、彼女の描き出す浅草は、〈女の目〉の見た浅草、しかもその裏町での情景が活写されている。ここでもまた私たちは、文象の母親たちがひっそりと生きていた世界と同じ空気に出会うことができるのである。宮戸座といえば、文象の生家から歩いて十分もかからないような近くの芝居小屋だが、彼にいわせればその小屋は「野球でいえば〝ファーム〟的な芝居小屋で、いい芝居小屋だった」し、「ほとんど一日おきぐらいに通った」ともいっている(34)。沢村の描く浅草で面白いと思ったのは女たちの化粧について書かれた部分である。彼女によれば「浅草では堅気の女はほとんど化粧をしなかった」という。「土地柄で水商売の女と毎日顔をつき合わせて暮らしているけれど、その濃化粧をうらやみもしないし軽蔑もしない。厚すぎる白粉も赤すぎる口紅も、商売上のこと、と知っているからだった。だから色を売らずにすむ女は、ヘチマの水で叩くぐらいがちょうどいいとこ、それ以上の化粧は、味噌汁が白粉くさくなる、といやがった」と書いている。といって彼女たちは身仕舞に投げやりだとかだらしないというわけではなく、反対に汚れた半衿や乱れた髪は女の恥といつも気を使って整えていたのである。子供には古くてもちゃんと洗濯した着物を着せ、家はたとえ狭く暗くても、隅々まで掃除が行きとどいている。男たちの外での放埒な生活を、家の中の整頓によって鎮めようとするかのように、「汚れた瓦屋板に四方の眺望を遮《さえぎ》られた」ような薄暗い町家の中や前の路地を掃き立てていたのだろう。その意味ではその場所は「スラム」といった言葉とは裏腹の世界であったというべきであろう。むしろ「スラム」は男たちの体と心の内にあった、と文象はいってもよかったくらいだ。

4

ここにこそ、お櫃と見えたものを、飯茶椀がわりに直に口につけて喰べることを拒絶する山口文象を育てた世界がある。それを単にしつけと呼んでもいい。また下町の日常的な慣習といってもいい。ただそうした日常的な行儀作法を成立させる背景に、自分の小さな庭に植えてつくった「ヘチマ水」で顔を叩くぐらいで、ろくに化粧もしない女たちの美学、あえていえば文化があったことを忘れてはならない。そうした下町の美学が、後の山口文象の建築家としての美学にはっきりと投影しているのを私たちは知っている。たとえば山口は、戦後の一時期、いわゆる「縄文的」といった呼びかたのもとに流行した鉄筋コンクリート造の建物のうちの、必要以上に量塊性を強調した建築に対して、非常に激しい調子で批判をあびせたことなどがすぐに思い出される。

「……現代の傾向の建築というものはね、非常にコンクリート過剰じゃないかという気がするんですな。コンクリートに甘え過ぎというか、つまりコンクリートを使い過ぎているという感じ、……コンクリートをもうすこし少なくできないかなという感じがします。ひらたくいえばですよ」[35] ここでは山口は当時完成した「大石寺」や「天照皇大神宮教本部」や「戸塚カントリークラブ」などの建物を頭におきながら話しているのだが、これらの建築に対する彼の反発は、それが〝堅気〟の建築が本来持つべき、化粧をしない美しさを誇るような美学を否定するものに彼に思えたからに他ならない。だぶだぶしたような、あるいはぞろっとしたようなものに対する彼の嫌悪は建築に限らずありとあらゆるものにむけられた。平面であろうと立面であろうと、キリッとして、あえていえばいなせな仕上がりを持たなければ気がすまなかった。逆にいえば山口の建築はそれこそが身上であった。そうした結果についてこれまで、山口の近代合理主義の思惟がもたらしたものとする解釈が一般的だが、私はそれ以前の、山口の浅草にほんとうの根幹があったと思うし、多分そのことはまちがいないであろう。

たとえば山口がドイツ留学の後、一九三六年に雑誌発表した、戦前の日本の最も先鋭な都市型集合住宅であったといえる「番町集合住宅」などの例を考えてもいいだろう。そのデザインはあきら

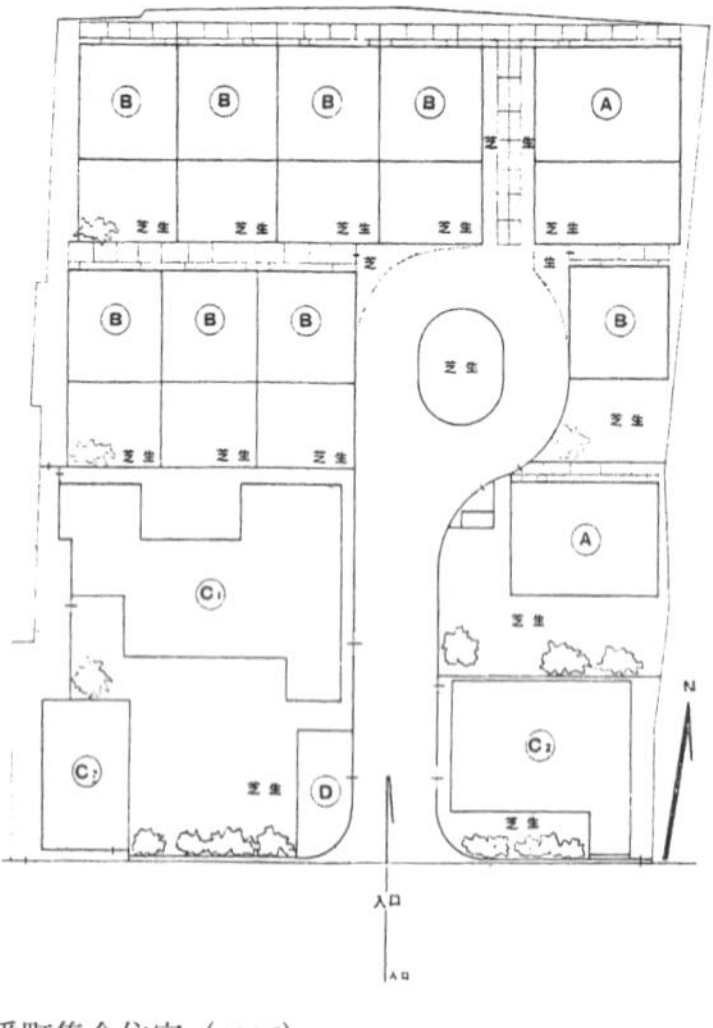

番町集合住宅（1936）

かに一九二〇年代のヨーロッパに芽生えた国際的な合理主義のデザイン（例えば、オランダのJ・J・P・アウトの集合住宅など）からの影響を強く受けたものであることは明らかだが、その他に、山口が生まれ育った浅草の、前述したような、貧しくはあっても文化のあった長屋周りの下町空間の影響を、私は色濃く感じないではいられない。限られた方形の敷地の中に、三棟の移築住宅の他に十棟の新築テラスハウスが建ち並んで構成されているが、住宅地にアプローチする表道路からの引込み路は、奥に車廻しの小広場がある袋小路になっており、この広場から東西と北に幅の狭い路地が通されていて、その路地が各住戸の玄関に繋がるようになっている。このような「袋小路」や「路地」といった都市デザイン上の要素は、モダニズムというよりは、それより少し前の、田園都市やガーデン・サバーブのもつ語彙の中にあったものであるが、やはり私は山口が幼少年期に生活していた浅草の、逆説的に豊潤であったと思える生活環境の投影、もしくは残像があったように感じられてならないのだ。他にも、いかにも清楚でフラットな感じの「白色モザイックタイル張」の住戸の外壁の連続する街路空間に、「ヘチマ水」で顔を軽く叩くくらいで、美しい素肌を保ったという下町の女たちのそれに重ね合わせて考えることもまた許されるだろう。つまりここには、戦後、コンクリートの量塊性の過剰な表現に物申した山口の美学が、すでに戦前において直接的に表明されていたともいえるのである。

　かつて浅草には、女たちの暮しぶりのほかにも、そのようなけじめ正しさが、はなやかな遊廓や遊楽地の陰にひっそりと根付いていた。先に引用した久保田万太郎は別の随筆のなかで、「古い浅草のみやびと落ちつき」といったものを強調している。たとえば彼は公園裏の古い鳥料理屋「大金」

のことにふれてこう書いている。

「もと浅草の五けん茶屋の一つ、黒い塀をたかだかと贅沢にめぐらした、矮柏《ちゃぼひば》の影のしづかに澄んだやや深い入口への、敷石のつねに清く打水に濡れてゐたその表構えについてだけいっても、わたしたちは『古い浅草の黄昏のやうなみやびとおちつき』とを容易にそこにみ出すことが出来たのである。一ト口にいへば江戸前の普請、江戸前の客扱ひ、瀟洒な、素直な、一トすぢな、さうしたけれんといふものの、すべてのうえに、それこそ兎の毛でついたほどもみ出すことのできなかったそのうちの心意気は、空気は、どういふ階級の、どういふ育の人たちをでも悦喜させた。さうしたうちをもつことを『浅草』のほこりとさえわたしは思った[36]。」

この万太郎の「大金亭」の思い出を読んでいて、私はすぐに山口文象のあまりこれまで世間一般に知られなかった秀作、鎌倉の旧「関口邸」(1934)(現在榛沢邸)を訪ねた時のことを思い出す。現在の所有者である建築家の榛沢氏の造園による両側の茂った樹木の間を片側に刈り込まれたつつじがいざなうように建物へとつづき、そのむこうに勾配の浅い瓦屋根とその下の土庇だけが、谷間の樹木に埋れるようにして見えている。その路地を進んで土間の前に立って建物の外観を見わたした時に感じる、何ともいえない意匠の切れ味。これがほんとうに「黒部川第二発電所」(1938)や「日本歯科医専・附属病院」(1934)で知られた山口文象の仕事か、と訝《いぶ》かりながら、私は心のなかで異質に思える二つの系列の仕事を調整するのに最初は正直戸惑った。しかしあれから何年かたち、いまの私はこの二つの流れを統一的にとらえる視点を持てるようになったと思う。「これが山口文象か?」とその時考えたことが、いまは「これこそが山口文象ではないか」と思うようになったからである。

私が「関口邸」を前にした時に感じた意匠の切れ味は、万太郎がある料亭を回想する時の形容をそのまま借りれば「一ト口に云へば江戸前の普請」の結果であり、「瀟洒な、素直な、一トすぢな、

関口邸茶席（1934）

さうしたけれんといふものの、すべてのうえに、それこそ兎の毛でついたほどももみ出すことのできないやうな種類の建物だった」からに他ならなかったのだ。そうした印象は、茶席の内部に上がって、それぞれの部屋のつくりや細部の配慮、仕上げを文字通り拝見しているうちにますます強く感じられてくる。それについて山口はこう語っている。

「……パースを描いて、空間を想像してみて、線が多すぎるところはできるだけ線を消していく。これは茶席にかぎらず、現代建築でも、造形的にみて、できるだけ、装ったものをなくす、いらないものをとってゆく、それがデザインと考えていますからね。近頃の若い建築家がやっていること、どうもいらないものが多すぎると思いませんか。造形というのは、いらないものを全部とってゆくことだ、茶席の精神も、ねらいもそうだと思いますね(37)。」

山口はここで、自分よりはるかに濃くまた整理された合理主義や機能主義の計画論を空気として呼吸した「近頃の若い建築家」が、なぜゴタゴタと「いらないもの」を建築の上につけるのか、不思議に思い、また憤慨している。「いらないものを全部とっていく」精神の不徹底は、日本の近代建築の合理主義の不徹底として彼の目にうつっていたかもしれない。しかし彼は、彼より若い世代の建築家たちの、彼の目から見ると耐えられないような野暮臭さの原因が、彼らのほとんどが、山口文象がごくあたりまえのようにして吸っていた「心意気」や「空気」――つまり浅草の「みやびとおちつき」、言葉をかえれば「江戸前の」「一トすじな」、「けれんといふものの……それこそ兎の毛でついたほども」ないような空気を、一度も吸ったことがなかったことにあることを、生前どれだけはっきりと意識していたのだろうか。私が彼から直接うけた印象から判断すれば、山口自身は彼が呼吸した「空気」の、貴重さとか特別なことを、あまり強く意識していたようには見うけられなかった。しかし私たちの目から見ると、彼の発言、彼の身のこなし、彼が盛装した時の衣裳、彼の建築のデザイン、といったもののうえに、かつての東京の下町の貧しい町並みの背後に隠された「江戸前」の文化の持つ、切れ味のいい、まさにきっちりと決まった意匠を感じ取らせるものがあったのである。

5

山口が自分自身の経歴を回想した時に、それを聞くものが一様に驚き、また、彼らにある種の同情に近い感情を呼び起こさせたのは、彼が小学校を終えて、上の学校へ進学しようとした時の話である。文象は小学校の「中島先生」という教師の熱心なすすめによって両親に相談しないで一中（日比谷）を受験し、見事に合格する。学費その他ほ「何とかするから」という小学校長の援助の約束もあった。おそらく山口（岡村）少年の学業成績は、他の同級生とは比較にならないほど、抜群のものがあったからにちがいない。「いよいよ入学の手続きをやる段になって、先生が両親に話してくれたんですが、これが全く難攻不落で頑として頭をタテに振ってくれない[38]」。結局、合格しながら父親（この場合も実父か養父か不明。おそらく両方）の反対で、ついに入学をあきらめさせられてしまった。「小学校を出たての本当に純心ないたずらっ子でございましたが、やっぱり肝っ玉が小さいんですっかりがっかりいたしまして、世をはかなんだことがあります。で浅草公園を夜中にふらついたこともあります[39]」。もしも山口がそのまま一中に入学して、最終的に建築家になったとすれば、ちょうど数年後、前川國男が同中学に入学し、やがて東大建築学科を卒業したのと同じ過程を通ることになっていたかもしれない。前川が昭和三年に大学卒業後、パリのル・コルビュジエのもとに渡り、続いて山口が昭和六年にベルリンのグロピウスの事務所の門をたたき、帰国後ともに日本における「国際建築」の主唱者として活躍した事実を考えると、前川の青春のいかにも直線的な軌道に対して、山口文象のそれは大きく迂曲した後、モダニズムという帰着点へと合流したことが、あざやかな対照を描いて見えてくる。この二人の、一中入学という基点における交錯から欧州帰りのモダニズムの主唱者としての帰結点での合流の間における、山口の航跡のふくらみ（迂回）は、二人の近代建築家の後の仕事に、決定的な差異をもたらした。その差異をひとことでいえば、一方は純粋にヨーロッパ起源の建築の設計者として大成したのに対して、他方の山口は西洋的建築のみならず純粋に和風の日本建築を設計監理できる建築家に育った、という点であったといえよう。

山口のその後の経歴を略記しておこう。一中入学をあきらめさせられた山口は、職人の子は小学校を出たらすぐに親の職業を継げばいいのであって上級学校へなど行く必要はまったくないという父親の意見をくんで、「卒業したらすぐ飯になる学校なら」ということで、蔵前にあった東京高等工業学校の付属の「職工徒弟学校」へ入ることになった。

「職工徒弟学校」ほ、もともと明治十九年に設立された東京商業学校付属の「商工徒弟講習所」として始まった教育機関だが、後に明治二三年、東京職工学校付属の「職工徒弟講習所」となり、すぐ改称して「職工徒弟学校」となると同時に、翌二四年、東京高等工業学校の付属となったものである。したがって山口文象が大正四年に入学した時には、すでに通算二六回の卒業生が社会に出ている、伝統のある学校であった。いうまでもなくこの学校の目的は、「職工」の訓練機関であり、最初、木工科と金工科の二科で出発し、後に機織科をはじめ、電気科、色染料、漆工科、窯業科などが増設されている。修業年限は三年間。

山口文象が入学した大正四年の入学者数は一〇二名（入学志望者三四八名）。三年後、大正七年の同じクラスの卒業者は、このうち七五名であった。[40] 山口によれば一中に行けなかったことが「悲観も悲観も大ショック」で、「少々ヤケ気味になっちゃって」、職工徒弟学校木工科に入学した最初の一年間は「勉強なんかほとんどやらなかった」ために、「あぶなく落第」しそうになってしまったほどであったという。「それで心を入れかえて、二年生から一生けんめい勉強した。勉強といっても、あそこは三年制なんですが、要するに大工の小僧を年季奉公がわりに養成する学校だから、英語も建築歴史も教えてくれない。毎日毎日、ノミ、カンナ、ノコギリのけいこです。ズックのカバンの中には、そんなものしか入っていない。[41]」

同校には木工科に大工分科と指物分科があり、前者が建築、後者が家具を専攻したが、いずれも徹底した実習教育が特徴で、学科は国語、算数（因数分解まで）、幾何ぐらいでほとんどつけたしにすぎなかった。山口が属した大工分科が「十四、五人」のクラスであり、彼の同級には後に早稲田へ行きさらに横河工務所に入った田中正蔵がいた（山口はその後建築家として活躍するようになって自分の設計の構造を田中にまかせている）。また山口はこの学校の大工分科の中心になっていた実習の教師、佐久間田之助に出会えたことが、「この学校での唯一の救いであった」と回顧している。すぐれた大工技術を持っていた佐久間が「大工として覚えるべきことを、順序正しく分りやすく、徹底的に、教えてくれました」。「とにかく刃物の整え方から一軒の家が建てられるようになるまで、実に懇切ていねいに教えてくれました。[42]」

卒業をひかえた第三学年に入ると、本物の木造住宅を同級生で一軒建てることが実習の内容になる。山口の場合、それは虎の門の華族女学校近くの家で、毎日その現場へ通うのに「詰襟きて鞄持って」、その「鞄の中には鉋やノミ」を入れて行くのだが、その姿を「女学生に見られるのが恥かしかった」と語っている。[43] しかしそれはともかく「佐久間先生のおかげで、小僧にいったら十年かかる修業が三年ですんじゃったのは実にありがたかった。親方や兄弟子になぐられるわけではなし、雑巾がけや子守するわけでなし、それで卒業の時には、一軒の家が建てられるようになったんですから、大工としては『御の字』であった」とも話している。[44]

なにしろ文象には、子供の頃から実父の側にいてカンナやノミを研いだ経験がある。また父や弟子の仕事を自分の目で見ていたことも大きい。その上彼自身の利発さが加わって仕事をおぼえるのも早い。だから職工徒弟学校を卒業するころには、〈一人前〉とまではいかなくとも、大工として一応やっていけるだけの技術と知識はすでに備えていたのである。しかし《大工—岡村文三》はいつでも、「何か満たされないものが残」っているような気持ちに悩まされ続けていたという。勉強をしたい、という意欲が、実習を主体とした学校の〝器《うつわ》〟からあふれて外にしたたり落ちる。「そこで僕は夜、神田の正則英語学校で英語を、研数学館で数学を勉強したんです。別に目的があったわけじゃない、ただ何となく満たされないものを補うつもりでした。[45]」

山口文象が、《大工—岡村文三》になりきれなかった理由のもっとも大きなものは、先にふれた、浅草という特殊な場所に開花していた〈未来〉のせいであったかもしれない。山口が私たちに語った逸話のなかで、浅草の「六区」の活動写真を見に行くと小屋の中にオーケストラボックスがあって、無声映画のあい間にメンデルスゾーンの「真夏の夜の夢」かなにかの演奏をきかせる。その時に「指揮者の棒の通りに音が出てくる」ことの驚きとかすばらしさが格別だった、という話があった。その後文象にほんもののオーケストラの楽しさを帝劇などで教えたのは、彼の兄、山口順三（明治三十一—昭三二）であった。音楽にかぎらず、この五歳年上の兄順三は、少年文象にとっていつでもまぶしい存在であり、憧憬の対象であったらしい。順三（幼名九市）は小学校を出ると、神田の中央工学校の夜間に入学し、文象の場合と同じように大工になるための上級教育を受けていた。幼い文象がはじめて「建築」の話を聞いたのは、実はこの順三によってであった。「ロンドンの国会議事堂の写真をみせて、サー・バリーの二一歳の時の作品だと教えてくれたのを今もおぼえている」[46]。この他「洋ものの芝居」につれてってくれたり、また字が非常にうまくて、文象は習字の練習をさせられたりもした。結局、文象が《大工》の道を捨てて《建築家》を目ざすことになる、ひとつのきっかけは、この兄の影響があっ

職工徒弟学校卒業の頃

たことはまちがいない。その順三は終生大工棟梁として働いたが、彼の腕は常に弟文象の自慢でもあった。

「兄貴の削った板はツヤがちがうんですよ。それにどんなむずかしい石の上でも柱をピタッと立てる、はやくて、うまいんだなあ」(47)。順三は文象の手がけた和風のほとんどの工事を受けもち、そのほかにも蔵田周忠やその他の山口の仲間の設計した数多くの建築を作っている。

6

大正七年、職工徒弟学校を卒業した山口文象は、清水組と仕事の上で深いかかわりを続けていた実父勝平の紹介によって、清水組の現場で働くことになった。とはいってもその雇用条件は、「清水組定夫」と呼ばれるものであり、正式な社員ではなかった。「定夫」といわれる者は、当時は各工事現場において、現場主任が自分の権限内において任意に採用することのできるもので、「夜警」などとほぼ同じ種類の取扱いをうけていた(48)。給料は日払いで「一日に二十何銭か」といった程度、「つまり定雇いの人夫(49)」であった。「地下足袋で、ゲートルを巻いて、れんが屋さんの手の少ないときはれんがをかついでれんがを積むところに持っていく。あるいは大工、とびの手の少ない時は大工さんの手元まで材木をかついでいく。それから、図面をみてこうしろああしろと私の上の階級の人が指令します。そのとおり、とびのコンクリートの堰板の墨を打ったり、そういう雑用をするのが定夫です(50)。」

十六歳で実社会に出た山口文象の世の中の下層における経験――大学の建築学科を卒業した建築

家たちが決して経験することのない下積みの体験——がしばらく続くことになる。建築を造るという行為が、設計図書を作成することで終るのではなく、山口の場合は、非常に不安定な雇用条件のなかで、実際に自分の肉体を動かして、煉瓦や材木を運ぶことから開始されたのだ。このことは後に彼が、逓信省に入省し、そこの営繕の若いドラフトマンたちを中心に「創宇社」を結成し、帝大卒業の若者たちがつくった高踏的で、多分に美学的な建築運動をすすめていた「分離派」と異なる道を歩み、やがて美学よりも社会あるいは観念より現実を、といった考えを軸とした建築運動を主唱するようになる道程の、いわば原点をなす体験であったということができよう。ただ山口が清水組の定夫になったのは、そこにしか就職口がみつからなかった、という追い込まれた状態での就職というよりも、多分に実父勝平の心づもりといったものが反映していたのではないか、と私は考える。勝平は文象を清水組に就職させるつもりはなかったはずだ。いずれは長男順三と同じように自分のもとに引きとって大工としての仕事を大成させようと考えていたであろう。その前に大きな請負会社のある程度規模のある工事を経験させて、技術や差配に幅をつけさせよう、そのためには最初は「定夫」で十分だ……というような父親としての判断があったのではないか、と思う。

山口は清水組が当時請負っていた東京キャリコや東洋モスリンなどの現場で働きはじめたが[51]、この現場で彼は現場主任鶴谷達吉に認められ、翌大正八年に鶴谷が名古屋に転勤になった時に同地へ同行した。そして名古屋に行くと同時に、清水組の「雇員」に昇格し、「足袋はだしでなく、靴をはくようになりました」[52]。清水組で仕事をするようになって二年、十八歳になった彼は、清水組での立場の安定とは裏腹に、心の中で深刻に悩みはじめる。読書に熱中し、仲間たちと議論し、「何

日本歯科医専・附属病院（1934）

番町集合住宅（1936）

日本電力黒部川第二発電所（1938）

かものを考える習慣ができて」きて、「自分はこれでいいのだろうか、人間の生活としてこのまま進んでいいかどうか、また自分は絵かきのほうがいいんじゃないか、あるいは文学をやったほうがいいんじゃないか」、と迷いはじめる。「建築工事というものより、何かクリエーションしていかなきゃやり切れない、詩をつくるにしても、絵を描くにしても、とにかく自分をエクスプレッションするという創作のほうへ向かうべきじゃないかということがぼんやりとつかめてまいりました(53)」。

このようにして山口は、彼の父親にも内緒で名古屋から辞職届を出して東京に帰った。父の激怒、と実家との一時的な絶縁状態、失業といった状態のなかで、山口文象は生まれ故郷でありひとつの理念でもあった、〝浅草〟を脱出し、それとともに父の職業としての職人の世界をも脱出し、霧中にかすむ彼自身の〈未来〉――結局はそれが建築家という職業であったのだが――へむかって孤独に泳ぎはじめたのである。

大正八年といえばまさに「大正デモクラシー」の最高潮の年であった。前年の夏の米騒動、秋の第一次大戦の休戦。そして『我等』『改造』『解放』といったラディカルな雑誌の創刊が相次ぎ、若者たちはさまざまな思想や行動にそれぞれに酔いしれていた。山口もまたそうした多感な青年の一人となっていたのである。

（一九八二年記）

〔註〕

1 一九六七年七月、日本短波放送「建築夜話」――「下町かたぎと建築家」。再録、一九七八年六月十九日―三十日「故山口文象追悼対談再録」のうちの19日付記事参照、以下『再録』とする。

2 長谷川堯／対談集『建築をめぐる回想と思索』(新建築社)のなかの「山口文象―兄事のこと」一四九頁。以下『回想』とする。

3 前掲1『再録』に同じ

4 註2『回想』一四九頁

5 註2『回想』一四九頁

6 註1『再録』五月二十日付記事

7 彼の名前の遍歴については「山口文象年表」『建築家山口文象　人と作品』相模書房、一九八二年

8 山口への数度のインタビューの際の談話による。（一九七七年六月十七日）以下「談話」とする。

9 註8「談話」による

10 RIAの伊達美徳氏と清水建設広報室の調査による。

11 『清水建設兼喜会五十年』三五頁、「元請と職方の関係」の項参照。

12 『兼喜会五十年』八九頁

13 註12に同じ

14 山口栄一氏へのインタビューによる（一九七八年十月七日）。

15 戸籍簿によれば明治四三年十二月十四日入籍、昭和五年十一月十九日離籍となっている。

16 ただ戸籍簿をみると、岡村幸三郎ときんの結婚届は大正十二年六月、そしてきんの死亡が大正十三年八月となっているので、それ以前はいわゆる内縁関係にあったと思われる。

17 「職工徒弟学校のころ」『室内』—昭和五十年八月号、聞き手編集長山本夏彦。

18 註8「談話」による

19 註17に同じ

20 山口による回想は実家と養子先での出来事の区別を、ほとんどの場合明確にしてはいないので、はっきりしたことがわからない。

21 註17に同じ

22 註8「談話」による

23 註2『回想』一四八頁

24 註1『再録』

25 註2『回想』一四九頁

26 このあたりの情景は内田栄一著『随筆浅草はるあき』「新しい芸能教室」（昭和五二年）による。

27 註1『再録』

28 註2「談話」による

29 註2「談話」による

30 父親が姓名判断にみてもらった結果「文三」にかわった。
31 永井荷風「すみだ川」『新小説』明治四二年十二月号
32 「水の匂」『文芸春秋』昭和十七年七月『久保田万太郎全集』第十巻所収。
33 沢村貞子『私の浅草』暮しの手帖社（昭和五三年）三三頁
34 『私の浅草』九三頁
35 山口文象「戦前・戦中・戦後」『建築』昭和三七年六月号
36 久保田万太郎「吉原付近」『中央公論』昭和四年二月号。『久保田万太郎』第十巻、四十頁
37 山口文象「北鎌倉の茶室」『住宅建築』一九七七年八月号
38 註1「再録」
39 註2「回想」百五十頁
40 「東京高等工業学校一覧」一〇七一頁
41 註1「再録」
42 註17「職工徒弟学校のころ」
43 註17「職工徒弟学校のころ」
44 註17「職工徒弟学校のころ」
45 註17「職工徒弟学校のころ」
46 註8「談話」
47 註37前出「北鎌倉の茶室」
48 清水建設広報室の調べによる。
49 註2「回想」一五二頁
50 註2「回想」一五二頁
51 註2「回想」一五三頁において「東洋紡績とか東京キャリア」となっているのは間違いらしいことを、故鶴谷達吉氏のご子息鶴谷錬吉氏に教えられた。
52 註2「回想」一五三頁
53 註2「回想」一五四頁

田園を志す建築家のこころ意気

論考——佐藤秀三

さとう・ひでぞう　1897～1978

秋田県生まれ。1914年、米沢工業学校建築科卒業。同年、住友総本店営繕課に入社。1929年、「自らの設計をより誠実に実現するには、自分で施工する必要がある」と設計・施工一貫の建設会社を設立し、今日の「佐藤秀」へと発展させた。佐藤は日本の木造住宅の伝統に西洋建築の要素を取り入れた独自の作風と業務体制を築き、住宅建築を中心に密度の高い仕事を残した。

おもな作品に、住友家俣野別邸（1934、重要文化財）、看雲荘（住友那須別邸、1935？）、渋沢信雄邸（1938）、田中外次郎邸（1959年）、中村研一邸茶室（1960）、日光プリンスホテル（1976年）など。

佐藤秀三《ひでぞう》という人物が、「佐藤秀工務店」の創業者であり、また経営者として、その組織を定評のある中堅建設会社として着実に発展させた人物であったことはよく承知していたつもりだったが、それとは別に、彼が歴《れっき》としたひとりの建築家であり、しかもきわめて個性的な想像力を備えた設計者であったことについては、十数年前に一冊の本に出会うまでは、私は正直なところ知らなかった。

佐藤秀三は、一九七八（昭和五三）年に八一歳で他界した。その一周忌に合わせて、彼の仕事を回顧するために、『佐藤秀三』と題した大判の建築作品集（一九七九年刊）が佐藤秀工務店から刊行され、私も寄贈を受けた。その本には、佐藤自身が設計し、当然ながら自社で施工したいくつかの代表的作品が、鈴木悠の美しい写真によって的確に紹介されており、戦前の作品としては「看雲荘《かんうんそう》」（住友那須別邸、一九三七）をはじめとして、「渋沢信雄邸」(1938)や「住友発哺《ほっぽ》山寮」(1940)が続き、これに戦後の「田中外次邸」(1959)、「中村研一邸茶室」(1960)、「中島トメ邸」(1971)、そして最晩年の代表作として知られた「日光プリンス・ホテル」(1976)などが掲載されていた。その本のそれぞれのページからは、大きくは建物の構造的な骨組の豪放な構成はもとより、小さくはさまざまな装飾的細部のデザインの原寸にいたるまで、自ら筆をとって細かく気を配り、自分が求めるイメージの具体化のために執拗な技術的な苦心を重ねてきた佐藤の、建築家としての気迫が直接こちらへ伝わってきて、少なからず衝撃を受けたことを覚えている。

なかでも私の個人的な興味を掻き立てたのは、彼の戦前の仕事に共通して見られるカントリー・コテージ風の、文字どおり野趣に富んだヴァナキュラー系のデザインの内容であり、それらの仕事が、昭和初期、つまり一九三〇年代の日本の建築界における、国際派と国粋派への二極分化を鮮明にしていく建築史的展開のなかで、そのどちらでもない、いわば第三の座標上の位置を占める注目すべき動きであるように思えて、なおさら関心を高めたということもあったかもしれない。欧米の影響下に、近代日本の建築史のなかにも確かに伏流として存在していたはずのヴァナキュラリズムへの強い関心や、国家や国際ではなく、《田園《カントリー》》を重要な背景とするような建築への深い執着がそこにあることを、その時私は直感して強い興味と好感を抱いたのだ。

木へのまなざし

昨年の暮、志賀高原の上林温泉にある「志賀山文庫」において、佐藤秀三の仕事を回顧する展覧会が開かれていることを『住宅特集』編集部から教えられ、十二月初旬、大森編集長とともにその場を訪ねて楽しんだ。実はこの「志賀山文庫」の建物自体が、かつて東京の大崎にあった、佐藤秀三の戦前の代表作のひとつ、旧「渋沢信雄邸」であり、再開発のためにこの家が解体されようとした時に、関係者の努力で移築して近代文学館として再生させることが決まり、新しい機能に合わせるための多少の手直しを施して、一九八五年にオープンしたものである。この展覧会を見、ハーフティンバーのファサードをもつ建物の全体的なシルエットや、魅力的な各種のディテールを見学することを通して、私が長い間念願しながら実現できないでいた、佐藤秀三の作品、とくに戦前の作品を、自分の目で見て回り、彼の戦後の活躍の伏線となった前半期の仕事の内容を総合的に考える作業にいよいよ取りかかることになった。志賀高原に点在する幾つかの山小屋のほかに、さらに那須にある「看雲荘」を、実際に訪れて見学するという願ってもない機会を、建物の所有者や佐藤秀工務店の好意によって今回与えられたからである。

個々の作品の内容について考える前に、戦前の佐藤秀三の経歴をここで簡単に整理しておくことにしよう。佐藤秀三は、一八九七（明治三十）年、山形県との県境に近い日本海沿岸の町、秋田県由利郡金浦《このうら》町に父親の佐藤秀吉、母イヨノの間の七人兄弟のうちの長男として生まれた。父、秀吉《ひできち》は隣町、象潟町の古四王《こしおう》神社の神主の三男であったが、長じて炭焼問屋の番頭となり、その後独立し、炭を焼いて問屋へ卸す製炭業の仕事を始め、山の権利を買い、立木を切り、炭を焼くといった事業を細々行っていた時期もあったらしい。父親の仕事はあまり順調とはいえず、やがて一家は炭にする雑木林を求めて北へと向かい、北海道、長万部の海岸に近い村に移住し、さらに再び戻って仙台の南、大河原へ移り、一九〇八（明治四一）年、山形県米沢市へ来て、ようやくそこに落ちつくことができたという。[1]

木材や、樹木が生えている山林を自分の目で確かめることが、秀三の父の仕事であったとすれば、建築家あるいは建築業者として成長していく後の秀三の、終生変わらずもち続けたといわれる建築材料としての木材への強い愛着とこだわりに、何らかの影響を与えたことは想像に難くないところである。木は、すでに少年時代の秀三にとって、身体の一部を構成するものであったといえるかもしれない。

佐藤秀三は、一九一〇（明治四三）年、米沢工業学校に入学し、建築を専攻するようになる。当時の同校の建築科は、科長・橋元喜蔵、建築工場長・馬場哲三、雇員・中島定市、師範職工・草苅金太郎、といった教師の布陣であった。[2] 卒業時の同級生のひとりに松ノ井覚治がいたことも、興味深い。松ノ井はその後東京へ出て、早稲田大学の建築科に入学し、一九一八(大正七)年、村野藤吾、峰好次郎などと一緒に卒業。やがて峰と同じくアメリカへ渡ってニューヨークで設計者として活躍し、マンハッタンの超高層ビルの設計に携わり、その後帰国して米国建築界の最先端の情報を日本に齎した人物である。佐藤は松ノ井や村野などと同じ一八九〇年代生まれの建築家であったのだ。

しかし佐藤が当時の大学卒業の「工学士」たちとはやはり異なる教育を受けていた。工業学校卒業時に、父親の秀吉が大工道具一式を秀三に祝いとして贈ったというエピソードが残されていることからもある程度推測できるように、当時の米沢工業の建築科の教育傾向は、多くの工業学校がそうであったように、デザインよりも技術教育に重点を置いた課程を主軸に組まれていたと思われる。つまり、この学校で受けた実践的な技術教育が、後の佐藤の、設計のみでなく施工も含めた会社を設立させ、また斧やちょうなを現場で自分で振るって、施工や仕上げのポイントを具体的に指示して職方を納得させたといった逸話にオーヴァーラップしていくのである。

長谷部鋭吉からの影響

一九一四(大正三)年、佐藤は米沢工業を卒業すると同時に大阪へ行き、試験を受けて合格し、住友総本店営繕課に入る。彼が大阪の住友に行くことになった経緯はよくわからないが、この最初の就職先が、佐藤の設計者としての生涯にとって決定的な意味を持つ教育の場となったことは間違いない。

当時の住友の営繕課建築係の仕事は、各地にある住友銀行支店を本格的な洋風建築で次々と建て替えていく仕事とともに、住友の総本山として大阪に完成させるべき本店社屋（後の「住友ビルディング」）の建設のための設計・技術両面にわたる組織づくりという目標があり、人材をさかんに充実させていた時期であった。たとえば住友の設計の中心人物でありながら当時病気療養中であった野口孫市（一九一五年、四六歳で死去）の後を継いで日高胖《ゆたか》（一九〇〇年、東大建築科卒）がおり、さらにその下に、野口亡き後の住友の建築デザインをすべて背負って立つことになる長谷部鋭吉（一九〇九年、東大建築科卒後入店）が、積極的な設計活動を開始しようとしていた。なお、後に長谷部竹腰建築事務所を結成し、今日の日建設計の祖型をつくった時のパートナーである竹腰健造は、一九一二（大正元）年に東大を出てはいたが英国留学中であり、彼が住友に入ったのが一九一七（大正六）年であったから、佐藤との入店時の出会いはなかったと思われる。

佐藤秀三が住友に雇われて最初に出された現場が、一九一三年から東京の日本橋で建設工事が始まっていた「住友銀行東京支店」の工事現場であり、彼はそこでほとんど毎日、外壁に使われるタイルの歪みや損傷がないかを一枚ずつ検査する単調な作業で一日を費やしていたという。東京支店の上棟式や落成式の時の屋上での記念写真などを見ると、正装した住友社員の中で、もっとも若く、丸坊主頭に詰襟服姿の佐藤が加わっているのが見えるのが、見習時代の秀三の姿を伝えていてほほえましい。一九一七（大正六）年に竣工したこの東京支店（後の日本橋支店）は、いうまでもなく日高胖の技師長としての最初の大きな仕事であり、数年後に襲った関東大震災にもほとんど無傷で残り、関西を地盤とする住友の設計の質の高さを東京で示した作品となった。(3) 佐藤秀三と日高の関係は、佐藤が住友を辞した後も続いていたらしく、詳細は不明だが渋谷区大山町に「日高胖邸」（一九四〇）

が、設計日高胖、佐藤秀工務店施工でつくられている。(4) 日高との関係に限らず、戦前期の佐藤の仕事には、住友家とその周辺の人脈との深いつながりのなかで実現したものが多いのは、後で触れるように注目されるところだ。

しかし住友営繕時代の若い佐藤に決定的な影響を与えたのは、日高よりも長谷部鋭吉であったことは、佐藤自身が繰り返し回想し証言している通りである。入社時の製図の試験に消しゴムを忘れてきた佐藤が、丁寧に指でこすって線を消す姿が、試験官であった長谷部の印象として残った、といった場面が最初の出会いであった。やがて佐藤は絵を描き始めたが、「長谷部先生があるとき、僕を呼んで下さって、佐藤君は感情が激し過ぎる。これを押さえるために、絵を勉強したらどうか、絵は誰にも迷惑がかからず自分だけの世界を作ることができる、是非やってみたまえ、とおっしゃってくださって、絵を始めることにした」(5) からであった。また長谷部が住友やプライベートに設計した住宅のプランやディテールを実際に自分の目で見て学ぶことを通して、田園型住宅や数寄屋風住宅の実際的技法や意匠を、知らぬ間に佐藤は会得することができたにちがいない。長谷部鋭吉が非常にデザインのできる、いわゆる手の動く建築家であったことは、既に学生の頃から評判であり、そうした実力を買われて住友へ入ったのだが、しかし彼は単に住友の長谷部であるに限らず、野口亡き後の関西の建築界の中心となるべき建築家として周囲から眺められてもいた。よく知られた逸話として、当時関西でもっとも目覚ましい活躍をする建築家として知られた村野藤吾が、自分の家を建てることを思い立った時に、長谷部を慕って、宝塚に近い清荒神《きよしこうじん》の長谷部邸の隣地を買い求め、河内の民家を移築改装して自邸としたことなどでもわかるように、単に卓越したデザイン能力の持ち主としてだけでなく、ひとりの紳士として、いわば建築家の理想像を体現する人物として後輩たちから注目されていたのだ。大学教育を受ける経済的余裕をもたなかった佐藤秀三にとって、長谷部がそれに代わる建築や社会全般にわたる貴重な《師》であったのである。

独立後の日々

住友をやめ、施工会社や設計事務所など、いくつかを転々とした後、一九二九（昭和四）年、三二歳の佐藤秀三は独立した。昭和四年といえば、大阪であの村野藤吾が渡辺節建築事務所から独立して、様式的建築の装飾的デザインをこなす一方で、モダニズムの香りを振り撒く幾何学的形態をデザインする新進気鋭の建築家として、多くの施主からの注文を抱えながら華々しいスタートを切った年でもあった。佐藤の場合はこれとはおよそ対照的に、「設計事務所とも請負業ともつかない形で、赤羽稲付の借家の二階一間に製図板一枚を据えての事務所」の開業であった。まったくひとりでスタートした彼が最初に受けた設計依頼は、近藤七郎という土地持ちで画家であった人物の住宅で、「文京区小石川の駕篭町に約七十坪程の弐階建住宅の設計を頼まれたので、一生懸命親切丁寧に、設計図見積明細書から届出迄一切まとめて御届けしたのであったが、其謝礼として金十五円を渡された」といった心細い出発であったらしい。「最初の二年位は何もかも自分一人でかけずり廻ったのである。夜は製図や見積書を、昼は現場から材木屋、そして職人の家を廻って帰る」毎日であったと、佐藤は後に回顧して書いている。(6)

しかし仕事は次々と入ってくるようになり、設計料もどうにかまともに支払われるようになった。

秀三の実弟の佐藤文雄はこの頃の様子を次のように書いている。「お客がお客を連れてくるという形で、しごく順調に進んでいたようです。なにしろ（秀三）社長の仕事への打ちこみ方は、その当時からなみなみならぬものがありました。どんな仕事でも自分の気に入らなければ、こわしてやり直すこともしばしばでした」[7]。開業後まもなく入ってきた仕事で注目されるのは、経緯は不明だが、おそらく秀三の母校である米沢工業時代の恩師であるという縁からか、同工業学校での「人絹」の国産化研究の成功をもとにして、後に帝国人造絹糸株式会社（帝人）の設立に関わった秦逸三の住宅をつくっている点で、秀三はしばらく広島に滞在し、このほかにも数軒の住宅をその地につくったという[8]。

「看雲荘」への情熱

こうした順調な発展の中、一九三〇年代の中頃に、佐藤秀三と彼の事務所経営のその後の飛躍にとって決定的な働きをする、重要な仕事の依頼が入ってきた。それが、秀三自身がかつて一時期勤めたことがある住友の本家が、那須の御用邸の近くに建設することになった別荘建築（「看雲荘」）であったのである。この建物は、秀三がちょうど四十歳であった一九三七年に完成し、いわば佐藤の戦前の住宅建築設計の金字塔といった特別の作品になったものであるが、なぜ住友本家の別邸の設計が、一九三三年の初春に住友合資会社（住友総本店を改組したもの）工作部から分離独立して間もない「長谷部竹腰建築事務所」に出されずに、住友を辞してかなり経っていた佐藤秀三の、小さな建設会社に依頼があったかについては、残念ながらはっきりしたことはわからない。しかし佐藤秀三と住友家とは、「大阪住友本家の伊藤さんのご紹介で夷子《えびす》さんが入社して来ましたのが、社員としての第一号だった」[9]といった記述からもある程度推量できるように、彼が住友営繕を辞めた後も何らかのつながりが保たれていたと思われる。ちなみに、ここで「夷子さん」とあるのは、創業時の苦労を佐藤秀三と共にした夷子建樹のことである。また、長谷部竹腰建築事務所も、創立時こそ仕事不足で困っていた状態があったけれども、一九三五年以降は大きな仕事が目白押しで[10]、那須と大阪という地理的な遠さもあって、手が回らなかったことも考えられ、長谷部が元部下という関係と、個人的な友情と信頼から、積極的に佐藤を推薦した結果であったとも考えられなくはない。

ともあれ、佐藤は住友本家の別荘の仕事を喜んで引き受けて、設計を終え、大工棟梁、宍戸某以下七、八人の職人が現地に詰めて工事がはじまった。「……坪三百円と値段を決めて着工したが、刻みの途中で福島に良い栗丸太があるとの話を聞いたので、山に入ってみると、あまりに立派な丸太なので、一目ぼれして全部材料を取替えてしまった」[11]という。後で触れるが、この時に佐藤が購入した栗材の量は、この「看雲荘」だけでなく、その後に建てられたいくつかの住宅にも使われた位の大量の木材であり、その意味では、栗林を一山単位で買い取って使ったとも考えられないではないが、しかし立ち木を伐採して乾燥させて製材する時間を考えると、すでに工事がはじまっているような状況からでは多分待てなかっただろうと思われる。やはり伐採されて保管され、ある程度乾いた状態の丸太を製材して使ったと考えるのが素直だろう。それにしてもこの「看雲荘」に使われている栗材の材木としてのスケールやヴォリュームは、前代未聞、俗な言葉でいえばべらぼうなものである。もともと金銭勘定にはあまりこだわらなかった佐藤秀三ではあったが、こうした思い切った変更によって、あらかじめ貰っていたお金を使い果たし、「旅館に宿賃も払えなくなり、帰るに帰れなくなっていたところ、この建物が大変気にいられた住友様より、その感謝のしるしに特別ボーナス三千円也を頂戴したので、それで借金を払い、やっと帰ることができた(12)」という劇的な結末もあった。

剛直な骨格と爽快な細部

「看雲荘」は、宅地として約二、九〇〇坪の広さのゆるやかな南斜面の敷地の中に、一九三七（昭和十二）年竣工の栗の木の館、つまり本館と、車庫付の管理人棟と別館の、大小三棟の建物で構成されている。そのなかでももっとも大きい本館は、建坪一二六坪、一部二階建てで延坪一六二坪の広さであるから、大きいとはいっても戦前の日本を代表する財閥の本家の別荘としては、さほど大仰なスケールともいえず、山荘

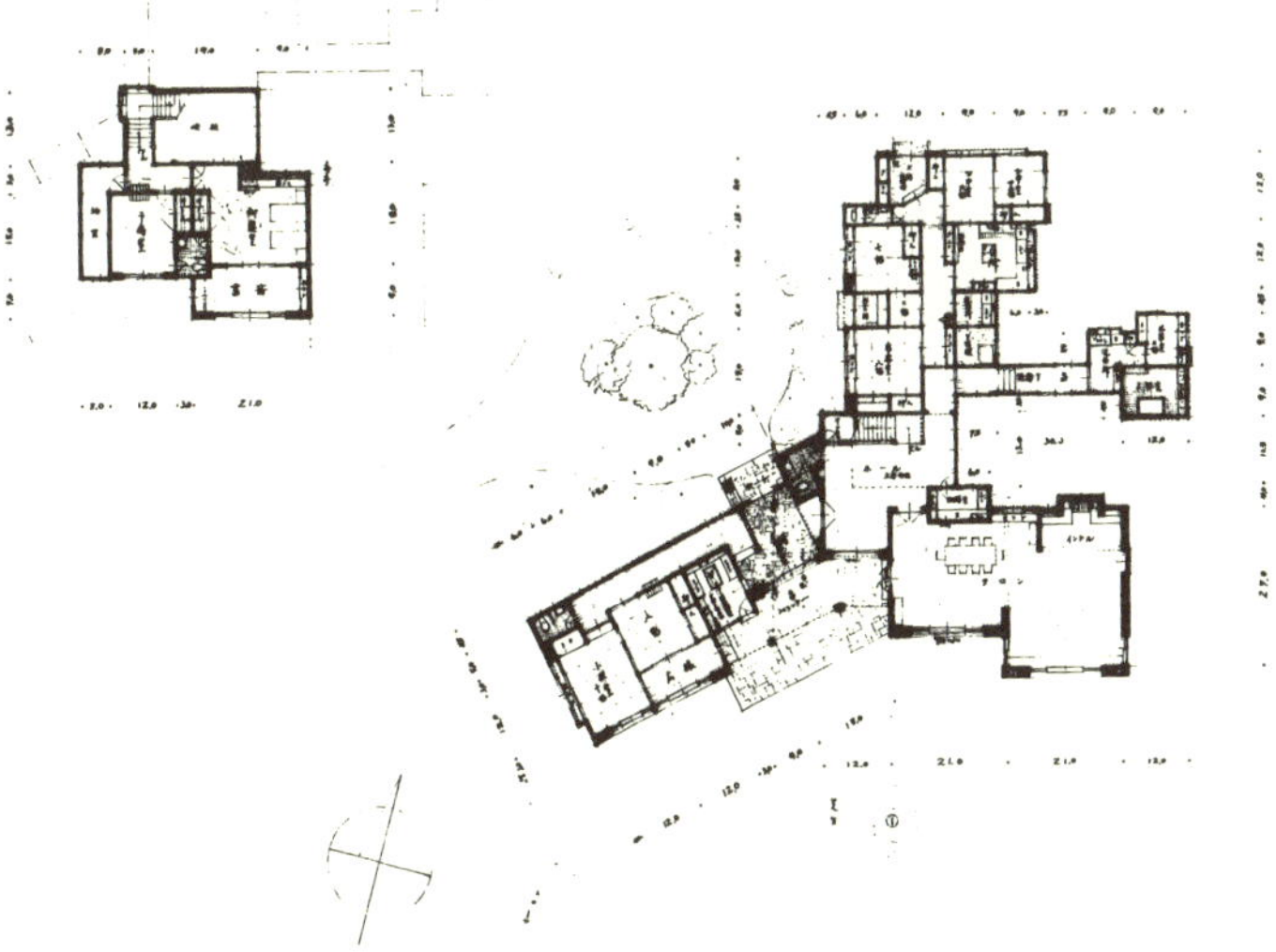

看雲荘（1937） 平面図

とはいえむしろ外観は慎ましやかな感じさえ与える建物である。

本館のプランは、玄関を中心にしてその東側に、ホールから北へ向かってサービス関係の諸室が並ぶ主屋があり、この南端の部分に寝室などの二階部分が乗っている。ホールの空間の隅に食い込むような形で、サロンと呼ばれるリビング・ダイニング用の部屋が始まり、リビング部分が一部平屋で東南方向に突き出ている。主屋の中央部からは東へ渡廊下が伸び、その先に浴室がある。一方、玄関が東隅に置かれた平屋の棟が、主屋と直角のL字形ではなく、やや南に振って開いた形で西南方向に伸びており、ここには玄関に隣接したスキー準備室と、その奥に子供室用の和室と次の間がある。階段のあるホールを平面上の《核》にして、それぞれ役割の違う空間が各方向へ伸長し、機能的な分節を明快に表現すると同時に、周囲の自然環境を満喫しようとする、触手を思わせる各棟の展開が、内部の空間の伸びやかさを約束するプランニングである。

車廻しのあるアプローチ側の立面は、ファサード・デザインとしての格別に凝ったデザインはなく、棟の部分だけを瓦で葺き、あとは栗の木端による柿葺《こけら》であった緩い勾配の平屋部分の屋根面と、ペイントされた外壁の杉板の、鋸の歯の跡が残った下見板張りの粗い肌目と、耳付板持有な不規則な輪郭が特に目につく位のものである。しかし分厚いドアを内側に開いて玄関内部に足を踏み入れると、それまでの外観のさりげなさは一転して、私たちは剛直な骨格と緻密で爽快な細部の出迎えを受けることになる。玄関の床は、今では表面が黒光りしている大小さまざまな大きさの栗材のブロックをきっちりと構成して仕上げたものであり、堅くも柔らかくもない踏み心地になんともいえない味がある。太い杉の棟木を置いた舟底天井は、垂木の上に白いペンキが入ったステン仕上げの幅広の栗板を渡し、その間に煤竹を入れ、上から漆喰を押し出した、いわゆる漆喰落しである。なぐりの垂木や、玄関と西の和室部分の廊下の間を仕切る丸太を組んだ菱組の間仕切などとともに、これらの処理は長谷部鋭吉の数寄屋や田舎家《コテージ》のディテールを思い出させ、このほかの各所でも長谷部の手法を踏襲した部分に出会うことができる。靴を脱いで三角の式台に上がって開き戸をあけ、応接用と思われる天井の低い一角を過ぎて斜めに進むと、太い持送りが支える梁の向こうにあ

看雲荘（1937）

る、五メートルほどの高さの吹抜けの空間に体を呑み込まれていく。ホールの北側の壁に沿って階段が昇り、踊場で鉤形に折れて二階に向かっており、東側の背の高い大きな開口部と、階段の踊場の上の窓から光が、「ラフコート塗仕上げ」と佐藤が呼んでいた漆喰仕上げの微妙な陰影をもつ壁面に落ちて、ホールを適当な明るさに保っている。

続いてホールの南側の引戸をあけてダイニングに入り、さらに奥（東）のリビング部分の天井に露出された架構を目撃した人は、誰でも衝撃を受けてしばし唖然として立ち尽くすにちがいない。それほどの迫力を、この骨組とそれが生み出した空間は備えており、竣工から今日にいたる実に半世紀を超える時間の経過のなかで、ますますその独特の重みを増して空間を組み敷いている。村野藤吾が戦前の代表作、宇部市民館を完成させたのが、この「看雲荘」と同じ一九三七（昭和十二）年だが、この木造のリビングルームの空間は、宇部の大理石のロビーの空間に十分匹敵するほどの重厚さと威厳をたたえて存在しているのはいささか驚かされる。もちろんここでの佐藤秀三は、師匠である長谷部が決して到達しえない別の境地を拓いたのであり、そのラステックでヴァナキュラーな性格を建築に強く与えるという面で、彼を乗り越えたともいえるだろう。

リビングの北側の壁に大きな石のマントルピースが見え、その暖炉の焚き口の前を、大黒柱とおぼしき五〇センチメートル角はありそうな太い栗柱の中程から、壁に向かって渡したこれも同じ位の太さの楣と小壁で囲んだ区域がある。これはいうまでもなく、イングルヌックとか、あるいはデンとかいった呼び方をする、暖炉の暖気を逃さないための小部屋であるが、日本で明治以後つくられた数多くの洋館のなかで、これ程本格的なものは、私は他所で見た記憶がない。舟底天井を構成

看雲荘　リビングルーム

するエレメントとしての、ちょうな仕上げのなぐりのペンキ入オイルステン塗の表面が古色を帯びて美しい棟桁や母屋桁は梁成が、五〇センチメートル以上もありそうだ。部材が見せる驚くべき量感は、かならずしも真の構造的な強度の要求からくる部材断面の結果ではなく、多分に意匠的な太さであったから、合理主義とか機能主義的判断とはほとんど無縁のところでのデザインであるのはいうまでもないだろう。床材ももちろんムクの栗材で、これもまたすばらしい意匠で織った絨毯の陰でつややかに光っている。私はこの部屋の佇まいを見て回りながら、佐藤秀三のデザインの参考としてあったものは何であったかを考えたが、やはりそこには、おそらく長谷部鋭吉のフィルターを通した英国の、十九世紀後半から二十世紀初頭にかけての建築、たとえばノーマン・ショウやフィリップ・ウェッブの仕事だとか、彼らの濃密な影響下で成長したアーツ・アンド・クラフツ運動の建築家やその後継者たちの仕事などが、若い頃から秀三の脳裏に去来していたのではなかったかと推測した。

この「看雲荘」に限って、影響を与えたと思われる建築家の名前をひとりだけ挙げるとすれば、やや遅まきながらも、一九二〇年代のイギリスにおいてカントリー・コテージの設計者として活躍していたオリヴァー・ヒル（Oliver Hill）ではなかっただろうか。たとえば外壁のサイディングにきちんと製材した板をあえて使わずに、樹木の幹を縦に切った時にできる波打つような輪郭線を残した、いわゆる耳付板を好んで使う手法とか、さらにはインテリアの空間に、非常に太い木骨を使ってそれを露出する手法や、骨組に白いペンキで下地をつくった上にステンをのせて拭き取り古色をつける手法などが、酷似しているのである。おそらくこうした作品が掲載された外国の建築雑誌の頁が、佐藤秀三のスクラップ・ブックの中に収められていたのではなかったか。さらにこのほかの点では、これまであえて触れずにきたが、佐藤秀三のすべての建築に共通しているが、建物の細部に施された面格子《グリル》、ドアの把手、丁番、照明具などの鍛鉄金物の意匠に、彼がことのほか力を注いできた理由もおのずから明らかになってくるだろう。こうしてでき上がった建築のディテールこそが、まさにジョン・ラスキンのいう「建築の主要部分」であり、ウィリアム・モリスが「小芸術《レッサー・アート》」と呼んで格別に大切なものとして強調した部分であり、またアーツ・アンド・クラフツ系の建築家たちが、建築を使う人びとの心を建築の中へと導き、感情移入させるための貴重な契機と考える対象であったことを、佐藤も十分に心得、承知していた、ということなのである。また、アーツ・ア

ホウムベリ・セント・メアリの家
（設計：オリヴァー・ヒル、1927）

ンド・クラフツの建築家たちの多くが、自分が設計した建築に使う椅子やテーブルやタンスなどの家具を積極的にデザインし、なかには家具の製作そのものにさえ興味を抱いて工房をもった人たちがいたように、佐藤秀三もまた、家具に強い関心を示したことも同じ理由からきたことはわざわざ言及するまでもないことであろう。要するに、家具は人の身体を建築に結び付ける重要な触媒であったからだ。

《田園》への意志

与えられた予定の紙数を大幅に超過したために、「看雲荘」以後の戦前の佐藤のいくつかの仕事、たとえば「渋沢信雄邸」(1938)や、そのほかの「アルペンローゼ」(1938)に始まる一連の非常に興味深い山小屋の設計について言及する余裕がなくなってしまった。これについては、いずれ機会を改めて論じたいと思うが、それらの作品も含めて、佐藤秀三の仕事に全体としていえる歴史的な特質といったものについて最後に簡単に触れておきたい。

最初にも書いたように、佐藤が独立して仕事を始めた一九三〇年代の日本の建築界は、一方に軍部が政治的独裁に向かおうとするなかでの国粋主義に呼応する建築家たちがおり、他方にル・コルビュジエやグロピウスなどの欧州での動きを受けたインターナショナルな建築理念に身を投じた人たちがいて、正面から激突する、という基本的な構図があった。しかし彼らは、国粋にせよ、国際にせよ、国家《ネーション》という社会的な枠を、どちらの方向へ舵取りしていくか、という判断で対立していたとしても、《国》というスケールを基盤にして建築を考えるという点ではある意味で共通していた、とも考えることができる。これに対して、その同じ時代を生きていた佐藤秀三の建築家、あるいは建築業者としての活動のなかには、国家というスケールでの思惟は、表面的には彼も明治生まれであったからそうは見えなかったにしても、基本的に希薄だったように思える。いや、彼もまた《国》を考えていたのだが、それはネーションの方ではなくて、カントリー、つまり「邦」とか田舎と呼ばれるものの方であったのである。中央集権的な、あるいは国際的な権力の集中と管理のなかでは、しばしば打ち捨てられていくカントリー、つまり《田園》の存亡を危惧し、現代社会におけるカントリーの存在意義を、建築のデザインを通して表現し、アーツ・アンド・クラフツ運動の人たちと同じように訴えようとしていたのではないだろうか。だからこそ、佐藤の作品は戦後の数寄屋風の住宅やホテルや保養施設などを含めて、特別の光彩を今も放って人々に親しまれているのであり、そのことを逆に見れば、戦後のナショナルな、あるいはインターナショナルなスケールでこそ展開した高度成長経済の下で、建設業の組織の経営者として彼が人一倍苦労せずにはいられなかったことも素直に理解できるのだ。いずれにせよ、佐藤秀三というひとりの建築家を、田舎趣味のデザインができる、生真面目で職人気質の一風変わった工務店の親父、といった理解では、とてもその全貌を把握することはできないことは間違いのないところである。

（一九九四年記）

［註］

1 佐藤芳夫「父、故佐藤秀三の生涯」佐藤秀工務店社報 No.122
2 矢作英雄「佐藤秀三、大先輩のことども」鶴城一九八〇年所収。以下も同じ
3 小西隆夫『北浜五丁目十三番地まで』日建設計刊
4 日本建築学会編『日本近代建築総覧』
5 佐藤芳雄、前出
6 以上、佐藤秀三「当社の歴史1」佐藤秀工務店社報 No.21
7 佐藤文雄「当社の歴史8」社報 No.39
8 註7に同じ
9 註7に同じ
10 註3に同じ
11 杉山健治「看雲荘のこと」佐藤秀工務店社報 No.122
12 註11に同じ

都市倉敷を織り上げる
大原總一郎と

論考——浦辺鎮太郎

うらべ・しずたろう　1909～91

岡山県生まれ。1934年、京都帝国大学建築科卒業、倉敷絹織（現クラレ）入社。産業施設を設計しながら建築の風土性を探求。1962年、倉敷建築研究所（現浦辺設計）設立。紡績工場を改築した「倉敷アイビースクエア」（1974）は、リニューアルや環境をテーマとした建築のさきがけとなった。その後も倉敷の伝統的な町並みと新しい建築との融合・進展を生涯追い続け、「ウラチンさん」の愛称で親しまれた。

おもな作品に、倉敷考古館（増築、1957）、大原美術館分館（1961）、倉敷国際ホテル（1963）、倉敷中央病院（1975-81）、倉敷市庁舎（1980）、神奈川近代文学館（1984）など。日本建築学会賞作品賞（1965）、日本建築学会大賞（1986）受賞。

序

「ぼくは（クラレで）二八年間技師をしてたんですよ。建築家なんてことはいわないし、営繕技師ですよ。初めから建築事務所で修業したというようなタイプとはちがうんだから。技師なんですよ、ぼくは。特殊なんです、育ちが。図面を渡したらそれで終わりだっていうのとちがうんですよ。そのところをウチの所員なんかにもいうんだけれど、分からんみたいだね。『メンテナンスをやらにゃ』というんだけれど。

サラッとしたスケッチ、うまい人がおるでしょう。

ぼくにはそっちのほうはどうも。技師の根性があるからね。ディテールがないといやだしね、そういう頭がいつもある。ぼくの（スケッチ）は、サシあててみるとスケールが合うとると言われる。正確が唯一の取り柄であってね、寸法がきまらんことには……」(1)

「倉敷アイビースクエア」が完成した直後、一九七四（昭和四九）年のことだが、後に数々の賞を受けることになったこの建築の設計者、浦辺鎮太郎に初めてインタヴューし、直接設計上の意図や、古い建物を保存再生させた理念などを聞く機会を、私はある雑誌から与えられて出掛けていった。開口一番、上記の発言とほぼ同じ内容の言葉が、当時六十歳代半ば、円熟し、また独創的なデザインの設計で広く知られた建築家の口から連射のように飛び出してきて、私は少々面食らい、戸惑いを隠せなかった。浦辺は、その時もしきりに、アーキテクトとかデザイナーなどと呼ばれるよりは、自分はむしろエンジニアなのだという意識が根底にあると語り、当時建築界で一般的に浦辺を見る目、つまり彼は日本のモダニズム系の建築家たちとは一味違う、特殊なデザインを試みる一風変わった建築家といった評価は、まことに心外だ、その意味で自分はどこまでも「まじめな技師」なのだ、と真剣な表情で力説したのだ。最初に私がこの浦辺の発言を聞いた時には、もしかして浦辺は、モダニズムの原動力となった歴史上のエンジニアたちの仕事に自分を結びつけて、モダニズムの正統的な継承者の一人なのだ、と主張したいのだろうか、などと一瞬勘ぐったりもした。

「倉敷アイビースクエア」が完成したのは、二十世紀も、ちょうど第3四半期から第4四半期へと移ろうとするまさに節目の頃である。同時に建築界もまた、大きな歴史的な節目をむかえつつあるようにみえた時期であった。その意味で、「倉敷アイビースクエア」は建築史の局面転換を象徴するような建築のひとつではないかと、私にかぎらず多くの人たちが考えた。第3四半期において、世界中に浸透した感のあった《近代工業主義の建築》、つまりここでいう《モダニズム》の建築は、地球的規模でのエネルギー資源の供給不安定や、大気や水にあらわれた顕著な環境汚染や、森林や田園の破壊と表裏をなす巨大都市の膨張、といった問題に直面して立ち往生し始め、基本となる工業化推進という方向に破綻を露呈しはじめていたのが、まさに一九七〇年代であった。

一方では、このモダニズムに替わるべき新しい建築デザインや設計理念が、さまざまな角度から真剣に模索され始めてもいた。先端的な工業技術を最優先にして、建築空間の大量生産と大量消費という、経済の無限運動のなかで成長したモダニズムの建築理論の欠陥を衝きながら、脱・モダニズムの方向を示すような、さまざまな建築デザインや理論が、内外に次第に顕在化しつつあった。だからこそ、明治以来、繊維生産のために使われてきた赤煉瓦の工場を、その壁体や小屋組や屋根の一部を残しながら、新たにホテルとして生まれ変わらせようとする試みのもとに「倉敷アイビースクエア」が誕生したことは、過去の時代の建築様式や、構造や、空間や、細部などは、基本的にすべて一掃し、その後に全く新たに別の都市や建築を建設すべきだとした、モダニズムの理念に対する痛烈な批判となっているように私には見えたのである。

古い伝統的な倉敷の町並みを後世に伝えるために、既に一九五〇年代のはじめから着実に実績を積み重ねてきた建築家浦辺の口から、さぞや威勢のいいモダニズム批判が飛び出すのではないか、と期待して待っていた私は、〝ウラチン〟さんが、自分のことをその辺の格好づけの、浅薄なポスト・モダンの建築家などと一緒にしてもらっては困る、といわんばかりに、太い眉毛の下の眼鏡の奥で、目尻にしわを寄せ、どこかに苦笑いのようにも見える表情を浮べているの

倉敷アイビースクエア（1974）

をみてちょっと拍子抜けして戸惑っていた。

浦辺の年齢は、彼が尊敬して止まなかった関西建築界の重鎮、村野藤吾からは十八歳も年下であり、比較的近いモダニズム世代の建築家、たとえば山口文象よりも七歳下、坂倉準三の五歳下、彼が親しくしていたモダニズムの〝闘将〟前川國男より四歳も若かった。当然のことながら日本の草創期のモダニズム運動の熱い空気が、若い浦辺に強い影響を与えていたことは想像に難くないし、その意味ではポスト・モダニスト呼ばわりされるのは迷惑な話だったかもしれない。しかし、浦辺のここでの「エンジニア」発言は、近代世界をリードする先鋭な工業技術者、ある意味でモダニズムの中心的な推進役であったこれらのエンジニアたちと自分を結びつけ、自らの建築家としての正当性を主張するといったニュアンスではなく、それとはやや異なる響きが言葉の中に含まれていたことが、やがて私にもわかってくる。この「エンジニア」発言には、彼にとってもう少し身近な関係、つまり彼の私的な経歴を顧みながらの、ある立場の表明のための発言であった、ということが後で理解されてきたのである。彼は、世界のエンジニアではなく、自分が倉敷という一地域に本拠を置く一企業のエンジニアだったことを誇りたかったとでもいえばいいのだろうか。

さらにもう一歩踏み込んでいうとすれば、彼が二八年もの長い間勤めていた企業の統轄者であった「大原總一郎の営繕技師」であったことからくる誇りと感謝の念を、「エンジニア」という言葉で彼は私たちに伝えようとしていたのではなかったか。浦辺の言葉をはじめて聞いた時の私はうかつにも、〝ウラチン〟さんにとって、その他界からすでに六年の歳月が経っていた大原總一郎という、彼にとって単に有力な一地方実業家、あるいは長年にわたる雇用主、と呼ぶだけではとても語り尽くせない存在が、いかに大きな影を彼の半生に落としてきていたか、それとともにその喪失感がいかに大きなものであったかが、初対面の私にはまだ十分に理解できていなかったのである。今思えば浦辺は、「自分はこれまで大原總一郎のエンジニアだった」というまぎれもない事実を、まず最初に私に明らかにしておいてから、その後のすべての話を展開させたかったにちがいない。

人・建築との出会い

一九〇九（明治四二）年三月三一日、浦辺鎮太郎は、倉敷駅から南東に六キロメートルほどの離れた位置にある集落、当時の児島郡粒江村（現在は倉敷市粒江）に、児島郡の役人で農業技師であった父、浦辺萬吉と、母、照野の間の長男として生まれた。母親とは幼少の頃に死別し、父親もまた四十歳過ぎに上司との諍いが原因で役所を辞め、その後、後妻を娶ったりしたこともあって、幼少年期の鎮太郎をめぐる家庭環境は必ずしも平穏とはいえず、経済的にも恵まれた生活ではなかったという。「小学生時代は神童と呼ばれた」と後に鎮太郎が彼のご子息たちに話していたように、小学校の成績は抜きん出たものがあったらしく、奨められて岡山第一中学校に入学し、寄宿舎に入った。第一中学校を終え、同じ岡山市にあった第六高等学校に「一番」を競う優秀な成績で入学。学業はすべての課目に良い成績をあげていたが、なかでも数学は特にすぐれていたという。

鎮太郎は、一中から六高にかけての学業期に、その後の彼の人生に大きな影響を持つことになる、幾人かの友人たちに出会った。その一人は、当時岡山市長であった守屋松之助の子、守屋正であり、六高時代の彼との知遇から、家族同様の待遇で守屋家に寄居することができた。この時に受けた恩について、後に浦辺は、守屋松之助の他界後に上梓されたその追悼文集のなかで、(2)「父と呼びたい人」と題して感謝を込めて書いている。守屋正は最初建築を志し、浦辺は医学を目指そうとしていたが、後に一緒に入った京都大学では逆に、守屋が医学を学び、浦辺が建築学を専攻するようになる。なお、守屋正の兄、守屋典郎は、東大法科を出て弁護士となり、マルクス経済学者として戦前から戦後にかけてめざましい活躍をみせたし、弟清は東大法科卒業後、海軍に入り、晩年大原家の不動産会社「三楽」の社長をつとめている。

この同じ一中と六高の同窓に、浦辺のその後の経歴にとって欠くことのできない、もう一人の人物がいたことを忘れるわけにはいかない。いうまでもなくその人物が大原總一郎である。總一郎は、浦辺が生まれた年と同じ一九〇九年、鎮太郎に遅れること約四ヵ月、七月二九日に、父親で倉敷紡績社長であった大原孫三郎の長男として生まれている。彼は早生まれの浦辺より一年後に岡山第一中学校に入学し、一九二六(大正十五)年、こちらは一年早く六高文科に進み、一九二九年に卒業後、東京へ出て東京帝国大学経済学部へ入学し、一九三二(昭和七)年に卒業している。

一九三〇(昭和五)年、浦辺は、守屋正とともに六高を卒業し京都帝国大学に入学した。二九年の大恐慌直後の世界的な不況のさなか、官憲による厳しい摘発が繰りかえされていたにもかかわらず、大学の内外での左翼運動は根強く続けられていた時期であり、文字通りの苦学生として学生生活を送っていた浦辺も、後に京大建築学科の教授となる西山夘三などとともに、マルクシズムに傾倒し、そのため一九三三年には、半年間の停学処分を受けたりもしている。この停学中に浦辺は、「甲子園ホテル」(1930)が完成して間もない頃だったためか、フランク・ロイド・ライトの日本における最初の弟子ともいえる、遠藤新の設計事務所を訪ね、遠藤新からいろいろと教えを受けたりしている。このことは、浦辺に後年、ライトへの強い関心をもたせることになった一つの契機として注目される。ただ、ライトといえば、浦辺が京大の二年生の時に定年退官した建築科教授、武田五一（一八七二―一九三八）のことにも触れないわけにはいかないだろう。武田は大正時代の初め、日本の建築界にアメリカを代表する建築家として印刷物などでライトを最も早く紹介した人物であったからである。武田の経歴をさらに溯れば、一九〇〇（明治三三）年をわずかに過ぎた頃、日本へ、当時のヨーロッパ最新のデザインとしてアール・ヌーヴォーの建築の動向を、「セセッション」という軽快な言葉の響きとともに伝え、また実際にその種のデザインを自分で設計してみせて、建築界で注目を浴びた人物でもあった。また武田は英国留学中に、当時のイギリスのアーツ・アンド・クラフツのデザインの、まさに渦中にいて学んだ経験をもっていた。後でも触れることになるが、武田が大学の建築専攻の学生たちに伝えてきたような、欧米の建築デザインの革新運動の波、とくにその源泉をなすアーツ・アンド・クラフツや、アール・ヌーヴォーの運動が背景としてもっていた理念や方法が、第二次世界大戦後、浦辺と大原が倉敷を中心的な舞台として展開していったさまざまな活動に、直接、間接に、影響を落としていた事実について、とりあえずここで注意を喚起しておきたいと思う。

この他に、学生時代の浦辺鎮太郎が、一建築学生として、最新着の欧米の建築雑誌の中で、特別な興味をもって注目した建築家が一人いた。オランダのヒルヴェルスム（Hilversum）市の建築監督官として、一九一五年から二七年まで活躍し、戦後までそこに住み、そこで没した建築家、ウィレ

ム・M・デュドック（一八八四—一九七四）であった。デュドックの作品は、ヒルヴェルスム市を中心に数多く残されているが、その中でも、晩年の浦辺が、若い頃に自分が特に強い共感を持って眺めたものだったと回想しながら、建築雑誌のなかで紹介している一つの作品がある。デュドックは、市の建築責任者として、ヒルヴェ

ファブリティウス小学校（1926）

ルスム市内にいくつかの小学校建築を設計して建てているが、これもその中の一つであり、十七世紀オランダの画家の名前から「ファブリティウス小学校」(1926)と名付けられた小学校で、第一期工事では四つの教室と一つの講堂があるだけの、柔らかな草葺き屋根をのせた小さな建築であった。浦辺の強い勧めで、一九三七(昭和十二)年、大原總一郎がヒルヴェルスムへ行き、実際にこの小学校を訪れ、「ことにナイーブな印象を受けた」という感想を、浦辺に語ったと、その短い文章の中にも記している。[3] この小学校でデュドックが示したデザインは、彼の代表作、ヒルヴェルスムのタウン・ホール(市庁舎、一九三〇)の持っているような、幾何学的な整合性に気配りした合理主義的な作風のデザインとは異なり、どちらかといえばアムステルダム派の作風に近い、鄙びた趣の強い田園建築的なデザインを特徴としていた。さらにこの種のデザインを溯っていけば、間違いなく英国のアーツ・アンド・クラフツの建築に行き着くはずであり、それらの建築の基本理念である、大都市への人口集中を否定し、他方で田園や自然を守り、また社会も大都市集中型ではなく、多極的で分散型の社会を目指す、といったE・ハワードのガーデン・シティ論への共感の中で生まれたデザインであったことは間違いない。浦辺は先の文章の最後の部分を、おそらく彼の故郷倉敷のことを念頭に置きながら、いみじくも次のような言葉で締めくくっている。

「私見によれば大都市を離れたところで定住する地方建築家はナイーブであって、ライトの草原の家(複数)とか、このデュドックの草葺きの小学校とか、時代性にこだわらない風土性ある建築を自然に生むのであって、別の条件下では、生まれにくいように思われる。[4]」

あるいは浦辺は、京大の学生時代にすでに、「時代性にこだわらない風土性ある建築」、つまり、

〝ヴァナキュラー・アーキテクチュア（vernacular architecture）〟と呼ばれるような一連の建築がもっている、建築史上での特別の意義と魅力に気づいていたのかもしれない。その土地の材料や技術や表現を用いて、建築の歴史の表舞台で繰り広げられるような、様式の変遷や重層とはほとんど無縁に、同じ場所で、延々と変わることなく、同じように造られ続けていく民家のような、土着的で、〝標準語〟ではなく、逆に〝方言的な《ヴァナキュラー》〟建築への浦辺の深い共感。このヴァナキュラーへの指向性もまた、十九世紀後半のイギリスの建築家たちが、彼らの基本的美学として共有していたものであったが、当然そうした視点は、後述するように、浦辺のその後の設計活動に直接連動して、大きく展開していったものであった。

大原總一郎と「営繕技師」

一九三四年三月、浦辺は京都帝国大学建築科を卒業する。卒業論文は「音響遮断」、卒業設計は「トーキ　スタジオ」で、それまでのサイレント映画にかわる、トーキー（発声）映画スタジオの設計は、その年の最優秀賞となり、教室の廊下に掲示されたという。彼の京大建築時代の専攻は、意匠の方ではなく、構造学であり、指導教官は鉄筋コンクリート構造の研究で建築界に広く知られた教授、坂静雄（一八九六―一九八九）であった。

浦辺は同年四月、故郷倉敷に帰り、六高、京大を通して無二の親友であった守屋正の紹介と、岡山一中、六高の同窓であった大原總一郎の口添えもあって、めでたく「倉敷絹織」（現在のクラレの前身）に入社することができた。初任給は、六五円。文科系の大卒の初任給よりも五円多く、実家から通うには、十分過ぎる給料であったという。浦辺は後に、この時のことを回顧し、自分もデュドックと同じように、故郷倉敷の町の市庁舎を設計するのだ、と固く心に誓って帰郷した、とも書いている。[5] 一方、鎮太郎入社の一月前、最初は「傭員」だった大原總一郎もまた、父孫三郎の倉敷絹織の正社員となり、四月には野津真佐子と結婚し家庭を持っている。浦辺の入社当時の倉敷絹織の営繕関係の総責任者は、一九二六（大正十五）年、陸軍技師から同社に入り、やがて常務となった人物で、また戦後の一九五九年以来、「カフェ エル・グレコ」として改修されて市民や観光客に親しまれた、旧大原・原両家の「奨農土地管理会社事務所」（一九二六）の建物の設計者でもあった、薬師寺主計《かずえ》（一八八四―一九六五）であった。薬師寺は、一九〇九（明治四二）年、東大建築科の卒業で、この年には長谷部鋭吉、後藤慶二など、後に大正・昭和の建築界を賑わす錚々たる同級生たちがいた。しかし浦辺の入社の二年目の一九三六年、薬師寺は退社している。

　薬師寺が退社したのと同じ一九三六（昭和十一）年、大原總一郎は、近い将来倉敷絹織の経営者となるために必要な見識を広めさせようという目的で、父孫三郎に欧米視察旅行を命じられ、四月、はじめての海外旅行に妻・真佐子とともに出発する。この時に、浦辺は、總一郎に、是非ともオランダに行ってヒルヴェルスムを訪ね、《田園都市》を目ざすこの町と、その建設の責任者であるデュドックの建築を実際に見てきて、感想を聞かせてほしいと懇願し、一九三七（昭和十二）年、總一郎はこの提言に従って、その町を訪れたことについては、すでに先に触れた通りである。また浦辺の回想によれば、一九三八年、二年余の旅を終えて帰国した總一郎は、浦辺に、ドイツの中世都市「ローテンブルクの城塞都市に強い感銘を受けた」と語り、「帰朝後私（浦辺）に、元倉敷と重ね合わせて、

ここは決して ローテンブルクに劣らない町だ、元倉敷を日本のローテンブルクにしようと、語りかけ(6)」た、と書いている。これに続けて浦辺は、「この（大原の）確固とした発言がなかったら、私は日常見慣れてしまっていた元倉敷の真価がわからなかったに相違ない。倉敷の町並の保存、あるいは再開発の方途に対して盲目であっただろうと、今更に肝を冷やす思いがする」とも述懐している。一九三〇年代の中頃に大原總一郎が、倉敷という町のもつ、西欧の《中世都市》に匹敵する歴史的景観と、それが将来の日本の社会で持つことになるであろう特別の位置について、鋭い予見力を備えていたことに改めて驚かされる気がする。他方で、浦辺鎮太郎が、当時の若い建築家たちの間では、さほど注目されていたともいえない、田園都市ヒルヴェルスムの建築家デュドックの仕事に心引かれ、その「時代性にこだわらない、風土性ある建築」を自分もまた志ざそうとしていた事実には、その時代がまさしく日本のモダニズムの草創期であったことを思えば驚きである。

同郷で、同じ年に生まれたこの二人の、一つの企業の中での、経営者と技術者というそれぞれの立場での〝邂逅〟は、まさしく運命的な出会いであったといえるし、また都市倉敷のその後の運命を決定づける出会いでもあったといえよう。すでにこの時に浦辺鎮太郎は、大原總一郎の思い描く未来の都市倉敷と、そこでの建築を実現するために、彼の「営繕技師」、「エンジニア」になろうと心を固く定めていたことは想像に難くない。

大原總一郎は、欧米旅行から帰国した翌年、一九三九（昭和十四）年五月、健康に不安のあった大原孫三郎に代わって、倉敷絹織社長に就任した。そしてその五年後の一九四三（昭和十八）年、大原孫三郎が他界した。

一九三四（昭和九）年、倉敷絹織入社後から、第二次世界大戦中にかけての浦辺鎮太郎の、同社の営繕技術者としての仕事についての詳しい記録は、残念ながらあまり残されていない。わずかに印刷物として、浦辺鎮太郎の署名で、雑誌『民芸』誌に彼が寄稿した、「寄宿舎建築様式の変遷―倉敷絹織の場合」[7]と題した小論文を見出すことができるくらいである。この論文は非常に興味深い内容をもっており、浦辺はここで、倉敷絹織が、一九〇七（明治四十）年以降、大原孫三郎の指示で建設してきた、「四戸一棟の平家建の十数棟」からなる、倉敷絹織に特有の「寄宿舎らしくない寄宿舎」が、その後どのように同社各地の工場建設において展開され、発展してきたかについての、歴史的な分析を試みている。「当時（一般的な工場で）行はれて居つた女工宿舎」、つまり「一室に多人数を収容し、しかもかかる室を多数一棟に含めたもので多くは木造であった」ような、俗にいう〝蛸部屋〟風の女子工員宿舎を廃して、一九〇六（明治三九）年に社長に就任したばかりの、二六歳の若さの大原孫三郎が、親友であり、また彼の師ともいうべき社会福祉事業家石井十次（一八六五―一九一四）の影響をうけて、「倉絹型」と後に呼ばれるような「分散（型）寄宿舎」を建設した。つまりそれは原則的に三、四戸一棟の平家建ての家屋《テラスハウス》で、これを南面並行に配列し、各住棟と住棟の間には、植木や草花などを植えた中庭を配した敷地計画の寄宿舎群であった。この庭付き独立家屋の分散型の寄宿舎型式は、家庭的なスケール感と親密な隣組感覚で、女子工員たちに非常に喜ばれたものであったという。

その後の時代の経過によって、倉敷絹織でも、この「分散寄宿舎」にかわって、アパート形式の「集中（型）寄宿舎」の方に移っていくが、浦辺は、この大地に密着したような郊外住宅地《ガーデン・サバーブ》型の「分散寄宿舎」が持つ、より人間的な住環境に強い共感を示し、近代の設計者たちもそこから何かを汲みとるべきだと強調している。「集中（型）寄宿舎には、どんなに整ったものでも、人間の生活の容器として、何か肝心なものの何かが欠けて居るやうだ。その肝心なものの何かが、分散寄宿舎では却って主調をなして存在する。良心のある寄宿舎の設計者は、一度は必ずこの問題にぶつかり、過去にこんな大きい実験が行われていたことに、驚異を叫ばれるであろう。そこには永遠の新しさに触れるものさえ感じられるのである」とすでにこの時点で書いているのは、その後の浦辺の設計者としての足跡を考える上で、大変興味深いものがある。こうした企業の居住・厚生施設の設計における、「何か肝心なもの」を常にどこかに追い求めようとする浦辺の姿勢は、第二次大戦後、一九五〇年代から六〇年代の前半にかけて、各地の倉敷レイヨンの事務所や工場建設に関連して、彼が数多く手掛けた、西宮、岡山、市川、高槻など全国各地の「集中（型）寄宿舎」、つまり社員用家族アパートや、単身者用アパートの設計にも、反映されていたし、同じことは、大原孫三郎が石井十次の福祉事業の後を引きつぐ形で設立した社会福祉法人「石井記念愛染園」の「女子単身者宿舎」（1961）や、その他の病院関係施設などの設計にも同じような熱意によって追求されていったと考えることができるだろう。その他かねがね、工場建築技師として、工場の建物そのものだけでなく、その周辺に造られる社宅や寄宿舎やその他もろもろの厚生施設の設計もまた同じように重要だと指摘してきた浦辺は、「倉敷レイヨン健保組合海の家・蒼海寮」（1959）、「倉レ岡山工場共同浴場」（1960）などの企業関連の建築設計にも、こうした態度を貫き、単なる合理性や機能性の追求の結果だけではおそらく得られなかったような、親しみのあるデザインを生み出している。

〝ヴァナキュラー〟建築への情熱

アーツ・アンド・クラフツ系のデザインに特有のものといえる「分散型」庭付きコミュニティを、合理主義系の「集中」型アパート形式よりも好んでいた、倉敷絹織の営繕技術者時代の浦辺鎮太郎に関する、今まで伝えられていなかったもう一つの興味深いエピソードを、鎮太郎の長男、浦辺太郎氏から最近聞くことができた。浦辺太郎氏の記憶によれば、鎮太郎は戦前自分の住んでいた倉敷の郊外にあったある山の中腹まで道をつけ、そこに一軒の、円形平面をもち、外周に壁を立て、その上に円錐形の草葺き屋根を載せた、どこか蒙古のパオに似た小屋を建てており、それが戦後まで残っていて、子供の頃よくそこへ何度も遊びにつれて行かれて印象に残っているが、今はそれも失われて無く、写真などの資料も残されていないが、自分には大変なつかしい建物だ、とのことであった。太郎氏がその建物を知る親戚の古老たちに聞いて見ると、茨城県の水戸市と笠間市の間の「内原」にあった建物を参考に、浦辺が自費で建てたものだった、とわかったという。この内原の建物とは、「日輪兵舎」という呼び名で当時の建築雑誌などにも紹介されている訓練施設であったことがわかったが、その「日輪兵舎」に類似したものを、なぜ浦辺が自分の地所内である裏山に建設して、近隣でも評判になっていたかは、よくわからないと太郎氏。

「日輪兵舎」は、一九三八（昭和十三）年、財団法人満州移住協会が、「満蒙開拓青少年義勇軍訓練所」として、現在の茨城県東茨城郡内原町小林に建設した実験的な訓練施設であった。満州および蒙古で農業開拓に従事させるために、満十五歳から十九歳までの主に農村の次三男の少年たちを全国から募り、二ヵ月間の研修の後、現地に送り込んでことにあたらせる、という目的で造られたこの義勇少年兵の訓練用施設には、百七十棟ほどの、掘立てで、杉皮葺き、または草葺きの円形宿舎が建てられ、その一棟に、六十人、一小隊が起居できるように計画されていた。この「日輪型トーチカ型式」と正式に呼ばれた建物は、植民地において基本的に義勇軍の少年たちが自力で速やかに建て、すぐにそこで起居できるようにするため、極めて簡素な構造、材料、技術が使われていた。円形平面の土間は、直径三八尺（約十一メートル）、約二九坪。中央に十六尺ほどの高さを持つ中心柱を立て、平面円周に沿って三六本の三寸角、長さ八尺ほどの杉柱を掘立てで並べ、その上端を内外から挟み敷桁で締め、さらにそこから心柱の上端にむけて、二寸五分の末口をもつ杉丸太を三六本、登梁として渡す。この構造の上を、外壁は薄い杉板の竪羽目張り、屋根は杉皮か藁を葺き降ろして囲い込む。内部に入ってみると、心柱の頂点から放射状に登梁がくだり、それがあたかも日輪のように見えることから、「日輪兵舎」の名がついたといわれている。

　浦辺がこの「日輪式」の〝パオ〟を自分の地所内に建てた理由は今となっては不明だが、ごく単純に推理すれば前述のように、彼が京大の学生時代から強い関心を寄せていた、オランダのアムステルダム派や、その源泉であったアー

大食堂の天井

日輪兵舎（1938）

ツ・アンド・クラフツの草葺き住宅に似た性格を、浦辺がそこに垣間見て興奮し、派遣される青少年たちが実際に建てて住み得るものかどうかを自分も試してみたくなった、といった辺りが実情であろう。この「訓練所」にもまた、先の倉敷絹織の寄宿舎の配置に似た、農村集落型の分散住戸配置があったし、なによりもこれらの建物は、「時代性にこだわらない風土性ある建築」、つまり〝ヴァナキュラー〟建築の、原点といった性格をある意味では備えていたから、それが浦辺の身体の奥深い部分を熱くし、行動へと駆り立てたのかもしれない。この種の情熱は、その後も延々と浦辺の身体の中を流れ続け、最終的にそれは、彼が「日輪式」の家づくりの約三十年後に関わることになった、愛知県足助町につくられた「三州足助屋敷」(1970)などの非都市型民家群の設計や配置へと続いていったといえるだろう。

「エンジニア」から「アーキテクト」へ

太平洋戦争が始まる約半年前の一九四一(昭和十六年)年五月、浦辺鎮太郎は、岡山で建設業を営む山本家の息女、山本茂子と結婚。

戦争中、技術者として香川県高松に動員されていた浦辺は、木製飛行機の生産にたずさわっていたが、そこで終戦を迎えた後、故郷に戻り、十月、倉敷絹織の営繕課に復帰した。そこでの戦後最初の仕事は、戦災による住宅不足に応えるための「組立住宅」(月産三百戸)の生産であった。やがて繊維生産も再開され、敗戦の四年後、まだ日本が連合軍の占領下にあった一九四九年、浦辺は「大阪本社営繕部長」に昇進し、大阪へ栄転した。浦辺四十歳の時である。一九五一年には、家族とともに兵庫県西宮市甲東園にあった既存の住宅、浦辺自身のいうところの「只の家」[8]に住み始め、結局そこが彼の終《つ》いの棲み家ともなった。ちなみにこの「只の家」に住み始めた頃、当時五十歳前後だった版画家棟方志功が泊まり込みで一週間ほど浦辺の家に来て、襖絵を四枚描き上げて帰っていったこともあった。浦辺の営繕部長就任の一年後に、戦後の倉敷レイヨンの繊維生産の主軸となるビニロン生産が、同社富山工場で始まっている。

　浦辺の営繕部長時代の工場の設計として一般によく知られているのは、一九六〇（昭和三五）年完成の、「倉敷レイヨン岡山第二工場」である。外壁が下から上部へとオーヴァ・ハングし、この外壁に円弧を重ね合わせたような、鉄骨のコノイド形屋根を組み合わせ、機械のレイアウトに最大限の自由度を与えた簡潔で美しい外観をもつ工場建築である（担当・北村修）。その二年後の一九六二年には、数年前に造られた「倉レ健保組合・蒼海寮」の外観にどこか似た形をもつ、工場建築とは思えない独特の切妻屋根の建物が敷地内に建ち並んだ新潟の「中条工場」が完成している。この当時浦辺は、社内では「浦辺部長の設計はよいが高い」といわれていたと書きながらも、経営者と設計者の会話は、あくまでも「デザイン語や理念語でなくて金銭語でやるべきである」[9]と説き、関西の建築家に共通する経済性最優先の姿勢を示している。同時にこの浦辺の姿勢は、後に彼の言う、「三笑主義」、つまり「施主と設計者と施工者」の三者がともに〝笑う〟関係において建築が造られることがなによりも大切だとする、彼独自の考え方への道筋がすでに見てとれる発言であったといえよう。

　この頃の浦辺の工場建築の魅力について、それらを施工した大林組社長、大林芳郎が、当時の建築雑誌に次のように書いているのは興味深い。

「……浦辺さんが担当された工場建築の施工の任に当たって来て、わたくしがもっとも感じたことは、浦辺さんの手がけられた工場建築は、生産施設として機能を発揮するために建物が合目的的に造られているというだけでないことである。工場が造られる土地、環境への適合、そして工場敷地内の全体計画（道路、庭園、厚生施設などを含めて）などについて、行き届いた総合的な配慮が施されていることである。さらにその上に、日本の工場建築においてもっともとぼしいもの、機能のほかのもので、見る人の心を動かす何ものか——それはわたくしがアルヴァー・アアルトが北欧に造ったパルプ工場を見て感じたものに共通するものである——を強く感ずるのである。中条工場がそのよい例証の一つである。(10)」

「機能のほかのもので、見る人の心を動かす何ものか」を、設計者としてどこかに備えている建築家と、的確に大林が指摘している浦辺鎮太郎は、ちょうどこの頃、これもまた大原總一郎との深いかかわりのなかで、一エンジニアとしての仕事の枠をのり超え、一人のアーキテクトとして、工場関連以外の、一般市街地内の建物の設計活動に携わり始めていた。その種の設計活動の最も初期の作品としては、営繕部長に就任した直後の一九五〇年、倉敷川に架かる中橋のたもとにあった米蔵を改装、増築してできた小品ながら佳作、「倉敷考古館」を上げることができる。既存の民家をミュージアムに転用するアイディアは、終戦直後の一九四六年、岡山民芸協会を立ち上げた大原總一郎が、四八年、「倉敷川河岸に「倉敷民芸館」をオープンしたのがおそらく最初であろう。これに続いた「考古館」の場合の浦辺は、既存の土蔵の背後に、鉄筋コンクリート造で増築部分を付け、同じ土蔵風に見せた外壁の上にシェル屋根を架け、さらにその上に軒の出の深い、洋瓦を葺いた鞘組（置き屋根）を載せ、さらに既存部と増築部との間の外壁を海鼠《なまこ》壁で繋ぎ、町家の屋根と壁との文脈上の連続性と差別性を調和させながら一つの建築として見事にまとめ上げることに成功している。この作品は、浦辺がその後様々な形で展開してゆく、〝民家〟風、もしくは〝民芸〟調、つまり一連のヴァナキュラー系のデザインの着実な出発点を飾るにふさわしいものとなった。同時にそれは、戦後の日本の建築界にこれから吹き荒さび始めようとしていた、《モダニズム》のデザイン手法に一歩距離を置く、浦辺のある種の疑義や、ためらいを示す作品ともなっていた。つまり浦辺はここで、伝統的な歴史的都市景観のなかでは、かりにシェルのような新しい構造や材料や表現を用いて造る場合であっても、景観の持つ持続性、連続性に十分な配慮をして設計を行うべきだとした上で、新しいものが古いものを払拭するのが近代主義の原則だといった、傲慢なモダニズムの主張に、慎重に疑義を表明し始めていたのである。

クラシキ・モデュール

このような倉敷の伝統的な町並みを維持すると同時に、新しい建物が注ぎ込む息吹によってさらに発展させようとする大原總一郎と浦辺鎮太郎の目論みは、「倉敷考古館」に続いて、「スコットランド旅行の際、町々で泊まったInnに、忘れ難い記憶を持つ」という大原の発想から、元

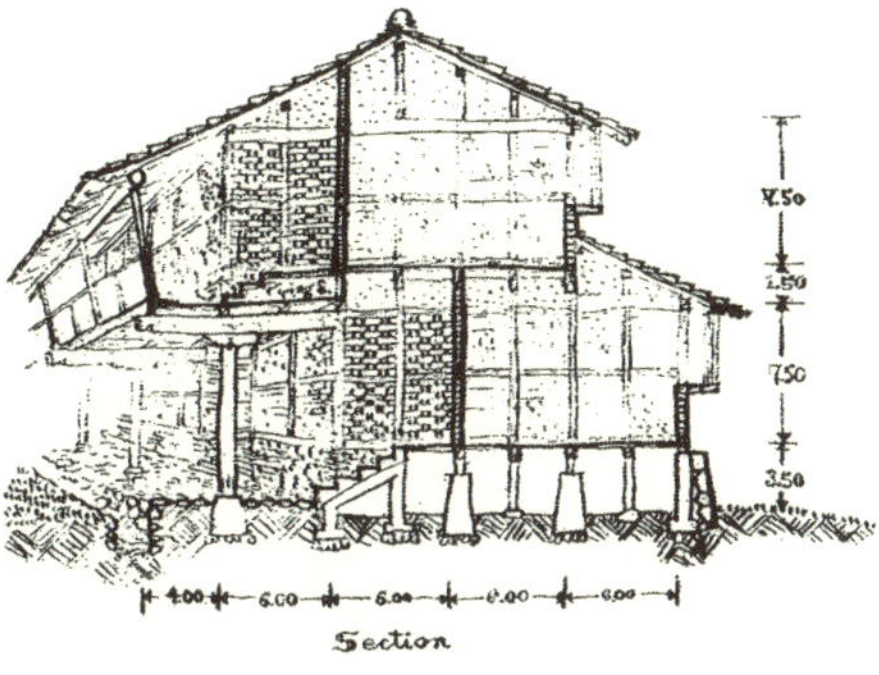

An Inn with Pub（1953）

大原美術館分館・絵画展示棟

大原美術館分館（1961）

倉敷の北の郊外、青木あたりの敷地に計画された「An Inn with Pub」（1953）の、文字通りヴァナキュラーでアーツ・アンド・クラフツ的な魅力にあふれる建築計画に展開していき、ここで実現しなかったアイディアや空間が、続く一九五七年完成の川沿いの古い「旅館くらしき」の増改築にひとつの決着をみた。浦辺と大原のこの種の目論みは、やがて、一九六一（昭和三六）年に完成した「大原美術館分館」によって最初の確かな建築的結実を獲得した、ということができる。大原美術館の敷地の最南部の、敷地境界線にぎりぎりの位置にまで寄せた位置に、新たに建設されることになったこの「分館」は、東側と南側に低く建ち並んでいる古くからの家並みに面しており、西側は、計画された広い通り（現在の倉敷中央通り）を挟んだ南西部の位置に、その一年前に完成した、丹下健三設計の「倉敷市庁舎（現市立美術館）」が位置していた。今、「分館」の前庭に立って東西に長く伸びた建物の全体を見わたすと、ライトのプレーリー・スタイルのシルエットをふと想起させるような、水平方向へ切れ味よく流れ連続する長い軒線が見え、そのほぼ中央、片持梁の深い軒の出の下に抱えられた正面玄関が置かれているのが見える。東と西に伸びる翼部の先では、東側には六〇坪ほどの絵画展示棟が、逆に西端には収蔵庫棟があり、それぞれ前庭を守ろうとするかのように北側に突き出して敷地の東西両端を固めている。下からは見えないが、市庁舎の屋上から見下ろした時のために、屋根一面に玉砂利が埋め込まれ、美しいテクスチュアを生み出していて、普段は見えない場所への心配りの化粧が施されている。

この建築の全体には、浦辺が戦後、ル・コルビュジエのモデュロールに倣って「クラシキ・モデュール（KM）」と呼び、自分たちの設計に応用していた、九六〇ミリメートルと、一九二〇ミリメートルという、倉敷に古くから伝えられていた基準寸法による寸法体系が全体に使われている。中庭のあるインテリアなども、どこか町家的な内部空間の陰影を湛えており、またシェル屋根を採用した絵画展示室の室内も、新しい構造によりながらも、虚仮威《こけおど》しの感じがなく、ほどよいスケールの室内空間を生み出している。しかしなんといっても、この「分館」の設計で、設計者が最も苦心したと思われる部分は、街路に面した東、南、西側のそれぞれの外壁部分のデザインであったと思われる。

あたかも元倉敷の旧中心地域の、南西の隅部を固めるための、要塞の城壁か何かのように、敷地の外周に沿って巡らされた低く延々と連続する外壁は、大原美術館の敷地内の庭園空間の流れをそこで堰止めているのと同時に、周辺の家並みに対しては、隔絶するのではなく、それが協調的に対話しようとする、深い配慮を看取できるデザインになっている。大地の下から生え出たかのような張りのある曲線を見せる、裾広がりの土塀風の外壁面は、整層切りの目地の中に一部に自然石を埋め込んでモルタル仕上げとし、打放しの軒庇が、水切りのためにわずかに傾斜して、壁面を守っている。南側の町家の家並みが続く路地を西から東に歩いて行くと、東南隅に、絵画棟のシェル屋根の、文字通り波打つような、あるいは大きな鳥が飛びたとうとする瞬間の羽根の動きかなにかのように見える断面が目に飛び込んでくる。この絵画棟の外観は、約三年前に完成していた村野藤吾設計の大阪の「新歌舞伎座」の連続破風の曲線をどこかで思いださせるが、しかし「新歌舞伎座」にあるような、伝統的建築からの直接的な〝写し〟の残像はここでは見られない。それでも、クラシキ・モデュールの持つスケール感と、形態や材料の慎重な積層によって、その形はまぎれもなく日本を感じさせる意匠となり、その結果周囲の家並みに見事に調和すると同時に、他方で近代建築としての自己主張も、しっかりと表明して見事である。

浦辺の初期の秀作と呼んでいい作品に仕上がったこの作品では、浦辺の下でまだ三十代初めの松村慶三（一九二八―）が設計に参加していた。松村慶三は、一九五二（昭和二七）年、京都大学を出た後、すぐに倉敷レイヨン営繕部に入って浦辺の下に入り、その後、浦辺の独立とともにその設計事務所に入り、浦辺が第一線を退くまで、彼のいくつかの重要なデザインに直接関わり、その後組織を継承した中心的なデザイナーであった。

建築家・浦辺鎮太郎とその後の作品

浦辺鎮太郎は、一九六二（昭和三七）年七月、大原總一郎の指示で、設計事務所「倉敷建築研究所」を開設し、自ら代表取締役となり、大原總一郎が会長に納まった。その後一九六四年、浦辺は倉敷レイヨンを退社し、完全に独立して設計事務所、「倉敷建築事務所」を開設し、また同じ年にはアメリカ、およびメキシコへの旅に出ている。松村慶三はこの二つの組織ともに最初から参画していた。また松村とともに、後に浦辺の事務所のもう片方の車輪となって彼をたすけ、特に病院建築、研究・学校建築などの設計分野でめざましい活躍をした、辻野純徳（一九三四―）もこれに参加した。辻野は大阪大学建築学科卒業後、勤めていた藤木工務店からの出向の形で最初は「倉敷建築研究所」に参加し、一九六四年の「倉敷建築事務所」の発足後は、浦辺の下で働くようになっていた。この他、一九六四年の独立「事務所」設立時のメンバーとしては、後に東京事務所を担当した加藤義宏をはじめ、尾崎英二、森本正一、嵯峨山かほる、才田勝、菅家克子などが参加していた。

浦辺は、一九六〇（昭和三五）年、丹下健三が東大建築学科助教授の時に、「倉敷市庁舎」を完成させた頃は、いまだに倉敷レイヨン社員の身であり、したがって残念ながら、彼が若い頃から念願してやまなかった〝市庁舎の設計者〟として、自ら名乗りを上げる立場にはいなかったと回想している。丹下の市庁舎の建設を目の当たりにしながら、おそらく内心切歯扼腕《せっしゃくわん》していたに違いない浦

辺が、その悔しさの一部を、丹下のそれとはおよそ対照的な方向性をもつデザインの「大原美術館分館」を完成させることによって晴らし、それに一矢を報いたと思い、とりあえず溜飲を下げたにちがいないが、さらにこれに続いて浦辺は、丹下の市庁舎の斜め前の別の場所で、もし浦辺が市庁舎の設計を依頼されていたら、多

倉敷国際ホテル　外観とロビー（1963）

分このようなデザインで応えて設計し、市民から強い共感を呼んだのではないか、と後に少なからぬ人たちに推測させたような、完成度の高い一棟の建物を、一九六三年竣工させている。その建築こそ、日本建築学会賞や建築年鑑賞など、数かずの建築賞で表彰された「倉敷国際ホテル」であった。このホテルの外観は、都市の囲壁のような外観をもち、町並みの中に巧みに沈みこませていた「大原美術館分館」のデザインとは異なり、逆に、大原美術館と元倉敷の伝統的な町並保存地区を背後に置きながら、倉敷の旧市街の中心域全体にとっての、いわば〝天守閣〟ともいえる象徴的な立場を担わされて登場した建築であった。

ホテルの立面には、あたかも武士が鎧をまとって座しているかのようにみえる、といった形容が時にされた、横に長く連続する、水切りのためにわずかに傾斜をつけた連続軒庇状のスパンドレルが各階ごとに取り巻いており、最上階ではそれが屋根形にもなっている。この太いコンクリートの帯の間に、モルタル仕上げの同じように帯状の白壁があり、この中に、一室に一つずつ比較的小さく見える客室の窓が開けられている。この打放し仕上げの連続軒庇帯には、残念ながら現在は白く塗装が施されて、その粗い元の表情は隠れてしまっているが、断面を見るとすぐに解る通り、この部分がRC桁あるいは梁として、ホテルの構造全体に組み込まれた構造部材であって、鎧部分が単なる化粧ではないことを強調している。ここらあたりの手法は、アーツ・アンド・クラフツの祖の一人とも言うべき、ゴシック・リヴァイヴァルの建築家A・W・N・ピュージンの、装飾は構造と密接に関わり、また構造を引き立てるものでなければならない、という哲学に似た、浦辺独自の美学であったと思われる。打放しの連続軒庇帯の間には、モルタル塗りの壁が開口部に切られながら続き、小壁の下端には、平瓦が水平に連続して貼られ、和風もしくは民芸風の雰囲気をファサードに強めるのに成功している。

節度のきいた和風民家風のデザイン傾向は、ホテル一階の、三層分の吹抜けのあるインテリアに足を踏み入れると、より強く迫ってくる。内部は、近代建築の手法で実現したヴァナキュラーの空間といった内容をもち、強い柱梁が組み立てるロビーまわりの室内は、棟方志功の力強い装飾壁画の力も加わって、日本の古民家に足を踏み入れたかのような、落ち着いた居心地の良さを訪れた客に感じさせている。浦辺のいう「時代性にこだわらない、風土性のある建築」を体現したともいえるこの建築の設計には、「大原美術館分館」の場合と同じく、松村慶三が浦辺の下で協働していた。

ところでここ「倉敷国際ホテル」の外壁に見られるような、開口部の大小に差はあっても、壁のなかに一つずつ〝穴をうがった〟かのような外壁デザインの手法は、その後、浦辺建築事務所のファサードの最も基本的なデザイン手法として発展していったことにも、ここらあたりで一応注意を喚起しておかなければならないだろう。「浜幸ビル」(1966)や「東京造形大学」(1966)に始まり、「東京女子大学」(1968)、「倉紡中央研究所」(1968)、「西鉄グランドホテル」(1969)、「千里阪急ホテル」(1970)などへと続く六〇年代の一連の作品の、どのエクステリア・デザインにも、それが現場打ちRC造であれ、プレキャスト版であれ、同じような特徴を見出すことができる。逆にいえば、浦辺はなぜか、近代建築の代名詞ともいわれた、カーテン・ウォールによる広いガラス壁面や水平感のある連窓を自分の作品に使うことを徹底して忌避していたのである。その忌避の姿勢のなかから、方形の壁のなかの方形の窓という基本的なファサードが生まれ、この手法は彼の死に到るまで一貫して続いていった。

開口部の広さや透明性よりも、むしろこの開口部を取り巻く白い壁面の平滑な連続性をより重視するという、浦辺の建築のエクステリア・デザインの基本的な方向性は、おそらく最初は倉敷の伝統的町並みにある古い土蔵や町屋の外壁との連続性を意識した結果として出てきたものであったに違いないが、こうした傾向は一九七〇年代前後のいくつかの作品においてより強化され、結果的に建築の外壁の〝連続性〟を全面に打ち出した、完成度の高い傑作を生みだしていくことになる。一九六九（昭和四四）年に竣工した「倉敷文化センター」では、「倉敷国際ホテル」などでの、水切り勾配をもった鎧型の構造的な水平材が、壁面上に水平に貼られた水切りタイルの水平線に簡略化され、開口部もその面に鋭い刃物で切り込んで開けたかのような性質を与えられている。一九七二年に完成した「倉敷市民会館」では、アルヴァー・アアルトのフィンランディア・コンサート・ホールのエクステリアをふとどこかで想起させるような、白く美しい外壁面の連続性が外観上の基本的な特徴となり、開口

倉敷文化センター（1969）

部の上には格子状のスクリーンをかぶせて覆ったり、別の場所では装飾的な円弧の連続となったりして、白壁の上に日本的な風情をもたらす装飾的な役割を担わされている。

「倉敷市民会館」は、若い頃から熱心なクラッシック・ファンであった大原總一郎が、大阪と、村野藤吾設計の「宇部市民館」の間に位置する倉敷に、それらの都市に負けない本格的なコンサート・ホールをどうしても造りたい、という悲願を、浦辺鎮太郎が実現した建築であり、ホールの音響や、ホワイエの空間、バック・ステージの使い勝手の良さなど、各方面の専門家たちや市民から高い評価をうけた作品となった。

倉敷市民会館（1972）

浦辺は倉敷のホテル以前に、いくつかの彼の建築作品のなかで、先の鎧形の、水平庇が各階に重層するエレヴェーション・デザインを試みていた。そのもっとも初期の作品は、いうまでもなく、一九六〇（昭和三五）年、大阪の阿倍野にできた「日本工芸館」のファサードであり、ここで浦辺が松村とともに実現したものは小規模であったとしても、この種のエクステリア・デザインのその後の可能性を確信させるに十分なものがあったと思われる。その証拠に、この外部デザインは、続いて同じ大阪で、大原總一郎の父親大原孫三郎と親交のあった石井十次（一八六五―一九一四）が、明治末の一九〇九年に大阪愛染橋で始めた福祉施設での活動の流れを汲み、息子總一郎が父親の後を継いで強力に支援をしてきた「石井記念愛染園」の、戦後の一連の建替え工事のなかで、直ちに応用されることになった。一九六一年完成の「付属愛染橋病院女子単身者住宅」や、その翌年、隣接する敷地に出来た「同保育所」などがそれであり、こちらは浦辺の下で、辻野純徳が設計の中心となって担当した。特に住宅公庫の融資で建設された「愛染園女子単身者住宅」のエクステリア・デザインの構成は、後の「倉敷国際ホテル」とほとんど同じ構成と細部を備えていたが、ここでは連続軒庇の上の水切り用の細い縦溝の型枠には、クラフトに近い職人芸が見られて評判であった。ところで浦辺鎮太郎は、この積層する帯状軒庇の由来について、この女子アパートの完成時にある建築雑誌の中で、敷地の近くにある由緒ある四天王寺の境内にそびえ立つ、戦後再建されて間もない五重塔からヒントを得てデザインしたものだ、と明かし、周囲の「バタヤ街のド真中に、目に滲みるような一種の五重塔を創建しようと、はじめて敷地を見た時から血が騒ぐ感があった。死せる仏舎利を仰ぐためにではなく、それは生々とした白衣の天使の安住の塔だからである」(11)と書いているのは大変に興味深いものがある。

一九六五（昭和四十）年、愛染園の元の寄宿舎や保育園のあった場所に、新しい「愛染橋病院」が竣工し、診療がはじまっている。この病院は、浦辺と辻野のコンビによる、その後の浦辺建築事務所が手掛けた一連の病院建築の最初期における一つの成果であり、この病院の理事長でもあった大原總一郎の、「入っただけで病の治る病院」をぜひ造ってもらいたいという究極の願いが全体の設計理念としてここには貫かれていると当時辻野は書いている。(12)浦辺にとって病院建築の設計は、もともと自らを「エンジニア」だと主張してやまなかった彼の、工場建築の設計のある意味での延長線上に位置する設計分野であったといえたが、ここでも大原孫三郎から總一郎へ継承された大原家の社会思想が投影し、単なる医療機関、医療装置の体系としての機能以上の何かが常に求められており、その結果、美術館やホテルなどの建築設計とはまた違う、別の重要な設計分野を浦辺に提供することになったのである。

「愛染橋病院」の外観には、屋上階に例の軒庇が一層だけ横に連続している以外は、鉄筋コンクリート打放しの、柱梁のフレームを剥き出しにした、やや粗い、当時の言葉でいう〝ブルータル〟な感じの強いデザインであったが、産婦人科が一つの軸になっているこの病院の性格を考慮して、玄関ホールの空間では、壁に陶芸家、古瀬隆による大型の陶板が埋め込まれ、また高地順子によるステンドグラスが使われるなど、装飾が病院らしからぬ柔らかな雰囲気を造りだしていた。この病院に、浦辺の建築事務所における病院建築の重要な方向性である、〝病院らしくない病院づくり〟、つまり医療中心ではなく、どちらかといえば患者を本位とした医療施設、という方向性の原点を見出すことができるだろう。

一九六八（昭和四三）年、大原總一郎、癌のために死去。享年五八歳。あまりにも早すぎる總一郎の他界は、多くの人たちを悲しみに沈ませたが、おそらく中では浦辺がもっとも大きな衝撃を受けた一人であったにちがいない。

しかし總一郎の死後も、病院らしくない患者本位の医療機関を目指せ、とする大原家の病院建築観は、そのまま浦辺の設計事務所の基本方針となって引き継がれていく。一九七三(昭和四八)年、患者や外来者たちが待合室から心地よい緑の風景を眺めることのできる中庭や屋上庭園をもつ「玉野市立市民病院」が完成し、続いて、創立五十周年の記念事業として計画されていた、「倉敷中央病院」のリニューアルのための設計が、大原總一郎の遺志によって、浦辺鎮太郎に委嘱され、第一期(中央病棟・手術棟等、一九七五)工事完成後も、第二期(中央診療棟、一九八〇)、第三期(外来棟、一九八一)と改修新築工事は続いていった。

「倉敷中央病院」は、大原孫三郎が出資し、一九二三(大正十二)年、総合的な診療科目をそろえた「倉紡中央病院」として開院して以来、戦中、戦後にかけて、倉レ社員だけでなく、倉敷市民にとっても深い関わりを保ち続けてきた医療組織であった。この病院はもともと、先

倉敷中央病院(1975-81)

に見た倉敷絹織の「分散（型）寄宿舎」によく似た敷地配置をもち、赤瓦の切妻屋根で、モルタル刷毛仕上げの外壁をもつ、平屋と二階建ての病棟や診療棟が、中庭を挟んで建ち並び、緑の多い静かな環境を病院周辺に形造っていた。「倉紡中央病院」は、一九二七（昭和二）年、「倉敷中央病院」と改称し今日に至っているが、病院施設の近代化のために、創設五十周年を記念した事業として、一九六〇年代から改築計画が練られており、總一郎の没後、浦辺と辻野が中心となって設計が進められた。大正時代以来の病院の歴史や空間の記憶の継承という目的で、一部にこれまでの赤瓦葺、モルタル壁仕上げの建物が保存され、また新築された高層の新病棟のペントハウスの屋根などにも朱色の瓦が葺かれた。また、かつて患者や見舞客に親しまれていた名物の温室も、場所を変えて新しい場所に再現されている。ちょうど同じ時期に、辻野純徳は、同じ倉敷の工場再生プロジェクトとして冒頭に触れた「倉敷アイビースクエア」の設計も担当していたこともあり、新旧併存の手法は、ここでも着実に展開されたことになる。浦辺はこの第一期工事が終った時に、乗ったタクシーにこの病院へと行き先を告げると、運転手が「あのホテル中（央）病（院）ですか」と復唱したのを聞いて、孫三郎や總一郎の〝病院らしくない病院〟の理想の一端が実現した、と内心喜んだと、当時の雑誌に書いている。[13]大原家の「建築技師」浦辺鎮太郎の面目躍如といったエピソードである。

「不易流行」

最晩年の浦辺鎮太郎は、頼まれた講演の席などでしばしば、彼が晩年研究を重ねてきた松尾芭蕉の、「不易流行」という言葉を引きながら、熱心に現代建築についての考えを語っている。この芭蕉俳諧の神髄を示すと言われる、人によってかなり解釈が分かれる言葉についての自分の解釈を示し、「不易」は単なる自然の永遠性といった意味だけではなく、西行、雪舟、利休、宗祇、芭蕉といった表現者たちが体現していた「芸術精神」を意味するとし、「人間精神の不易」こそ、「不易」の本来の意味だと説明した。これに続けて浦辺は、「不易」と「流行」の関係については、次のように語っている。

「不易というのは精神的なものだから、これが時代の精神に合わなくては肉体化しないし、作品にならない。流行の中に乗って初めて作品化するというのが、『不易流行』でありまして、離して不易があり、流行があり、ではない。あるいは不易の句があるとか、流行の句がある、とかいうのではない。……やはり人間が精神だけでは生きて存在しないように、肉体を持って存在している、それと全く同じ不易が流行の中

倉敷市庁舎（1980）

で作品になる、あるいは肉体化するんだという思想であります。(14)」

このような浦辺独自の「説」は、彼自身が担当のベテランの所員森本正一に指示を出しながら直接関わった晩年の「大仏次郎記念館」（1978）、「横浜開港記念館」（1981）、「神奈川近代文学館」（1984）などの、横浜という巨大都市東京に対して隣接し、ある意味では倉敷と大阪の関係に似た独自の歴史をもつ自治体に関わる一連の建築や、浦辺の最初にして最後の念願として残されていた新「倉敷市庁舎」（1980）などの、一九七〇年代後半から以後の浦辺作品の重厚さや真摯さとはやや異質な、華やかさと、軽快さと、ある種の諧謔性にも通じるような、いわゆるポスト・モダンの時代の「流行」を体現したかのような作品群を考える上で、極めて有効な「説」であったといえるかもしれない。ただ、これらの晩年の作品に接する時に、建築家浦辺鎮太郎の「不易」、つまり「芸術精神」に長い間深く入り込んで、多くの影響を与えていた大原總一郎の不在が、浦辺に与えた喪失感、寂寥感の影の大きさは、第三者にはほとんど想像に絶するほどのものがあったであろうことは、それらの作品の華やかさや軽やかさのなかに滲み出ている何かが教えているような気がしてならない。

＊

一九九一（平成三）年六月八日の朝、いつもより遅い起床を心配した茂子夫人が、夜具のなかで安らかに横たわり、すでに息絶え動かない夫をみつけた。

枕元には、就寝前に読んでいたと思われる大原總一郎の遺稿集『夏の最後のバラ』が、本の頁を開いたまま置かれていた。

浦辺鎮太郎、享年八二歳。

京都に住む守屋正の呼びかけで、同じ岡山一中の同窓生、鐘紡の武内潔や、建築家東畑謙三などと一緒に生前用意した、小堀遠州の墓のあることで知られる大徳寺孤篷庵の墓所に、親しかった友人たちとともに浦辺鎮太郎は今は静かに眠っている。

（二〇〇三年記）

〔註〕

1 浦辺鎮太郎「自然と人間、自然と建築の本質を見つめて」聞き手、山崎泰孝『新建築』一九八〇年四月号
2 『守屋松之助追悼集』一九五三年
3 浦辺鎮太郎「私の建築印象／ヒルベルスムの小学校」『新建築』一九八三年十一月号
4 註3に同じ
5 「倉敷の町づくり」一九八一年
6 註5に同じ
7 『民芸』一九四一年三月号
8 「只の家に住んで」『新建築』一九七八年八月号
9 「工場建築計画における建築家の参画問題」『建築と社会』一九六二年九月号
10 大林芳郎「工場建築——浦辺さんの業績に触れつつ」『建築文化』一九六〇年四月号

11 「石井記念愛染園の一建築」『新建築』一九六一年十一月号
12 辻野純徳「愛染橋病院の設計から」『新建築』一九六五年三月号
13 「若がえりつつある病院」『新建築』一九七五年十一月号
14 「芭蕉　不易流行の説」上下『NEW FURNITURE』一九八〇年十、十一月号

論考——菊竹清訓

天《あ》降《も》りする建築の〈降臨〉のゆくえ

きくたけ・きよのり　1928～

福岡県生まれ。1950年、早稲田大学建築学科卒業、竹中工務店入社。1953年独立。学生時代からコンペで活躍し、自邸「スカイハウス」(1958)や京都国際会議場コンペ案(1963)などで建築界に衝撃を与え、『代謝建築論:か・かた・かたち』(1969)等の自説を通してメタボリズムを提唱。菊竹建築設計事務所出身者から内井昭蔵、仙田満、伊東豊雄、内藤廣などスター建築家を輩出。
おもな作品に、出雲大社庁の舎(1963)、エキスポタワー(大阪万博、1970)、アクアポリス(沖縄海洋博、1975)、江戸東京博物館(1993)、九州国立博物館(2005)など。長野五輪(1996)、愛知万博(2005)ほかプロデュース。日本建築学会賞作品賞(1964)ほか受賞は数多い。

時にタカミムスビノミコト、真床追衾《まどこおうふすま》を皇孫《すめみま》アマツヒコヒコホノニニギノミコトに覆《き》せて降《あまくだ》りまさしめき。皇孫《すめみま》、天の磐座《いはくら》を離《おしはな》ち、また天の八重雲をおし分けて、稜威《いつ》の道分《ちわ》きに道分《ちわ》きて、日向の襲の高千穂の峯に天降《あも》りましき。

――日本書記巻第二、神代の下、天孫降臨

真床追衾《まどこおうふすま》

数年まえ、都城に開始された、菊竹清訓氏による建築の〈降臨〉は、その後天降《あも》りする地点を北に移し、久留米からさらに東に萩、そこから山陰の海岸を伝う海流にそって松江へと実現していった。「久留米市民会館」(1969)、「萩市民館」(1968)、「島根県立図書館」(1968)――これらの一連の建築はその神話的プログラムにのって、驚くべき精度をもって地上に展開されつつある。

かつて天孫はその降臨にあたって、「真床追衾《まどこおうふすま》」につつまれた、と日本書記には記述されている。床を覆う衾――真床追衾とは神話上の人物の皇位を象徴する寝具のごときものであるといわれ、また胎児をつつむ羊膜のごとき呪術的な保護被服の意であるとも解釈されている。しかしこの言葉は単に神話の用語であるにとどまらず、菊竹氏の建築の〈降臨〉にあって、そのデザインのもつ基本的相貌を象徴するものであるように私には思えてならない。その言葉は近年の菊竹作品のほとんどすべての内容を、見事に叙述しているような気がするからだ。真床とは、つまりレベルに変化をみせながら、(ロビーや客席などを連続させて)一体化しているあのコンクリートの基壇のことであり、追衾とは床を覆うもの、つまりそのプラットフォームを包むべく、設計者が苦心して鉄骨を組み、あるいは編み上げて架けた軽い被膜のようなそれらの天蓋、屋根のことである。

たとえば都城での追衾は、門型に組んだ鉄骨の柱梁の下にかかえられたような金属性の屋根膜であり、おなじ構想が萩では都城を裏返し《インサイド・アウト》にして、形態は異なるがほとんどおなじ考え方で屋根が架構されている。久留米や松江にも、やはりホールやロビーを大きく覆う鉄骨、あるいはパイプ架構の天蓋として、それらの特徴的な追衾が見出される。

もちろんいかなる建築も、床と天蓋があってはじめて成立するものであり、その意味でそのことは何も菊竹氏の建築に限定できない、ともいうことができよう。しかしこれらの菊竹氏の建築の床と天井は、他のいかなる設計者によってデザインされたもののとも異なった、特殊な内容と特別な意味を訴えている点に違いがあるのだ。また作者自身も克明にそのことを証言している。しかも、私たちはその建築に入ると、このふたつの要素の構成による設計者の特別の意図を一目のもとに理解させられてしまう。

最初に断わっておくべきだと思うが、この奇妙な比喩をひとりの建築の賞味者の軽薄な冗談《ジョーク》とは考えては貰いたくない。後章で順次明らかにするように、菊竹氏の建築世界は、元来、おそろしく神話的なのである。彼の建築の内容が、日本書記の記述と同調すべきある必然性を持っていること、この仮説的な観点に、まず了解をもらわなければ、これからの私の考察も進めにくくなる。

あらゆる〈降臨〉を云々する時に、当然下降してくるものの基点が問われねばならないであろう。

天孫の降臨について、書記の記述には次のようにある。「皇孫《すめみま》、天の磐座《いわくら》を離ち、また天の八重雲をおしわけて……」と。その「天の磐座を離ち」の意味について、武田祐吉は「高天の原に於ける堅固な御座席。それをお離れになって」と注釈している。[1] ところで私たちは、「都城市民会館」（1966）が実現する以前において、菊竹氏の建築を理解するためのひとつの重要な共通項として、「巨大な柱で支持された、宙に浮いた空間」を目撃していたではなかったか。つまり宙に浮いた空間を規定する高所の「床《ゆか》」の意味をシンボリックなものとして理解していたのではなかったか。たとえば彼のデビュー作である、「スカイハウス」（1958）を思い起こし、その住居における床の意味を改めて考えてみればよい。設計者自身は後にそれを「柱は空間に場を与え、床は空間を規定する」と整理したが、その空間を規定する床は、まさに氏自身の建築の「天の磐座」——設計上の堅固な理想基準面であったはずである。

　私たちが菊竹氏の「磐座」について、「スカイ・ハウス」よりもっと直接的な例を求めるな

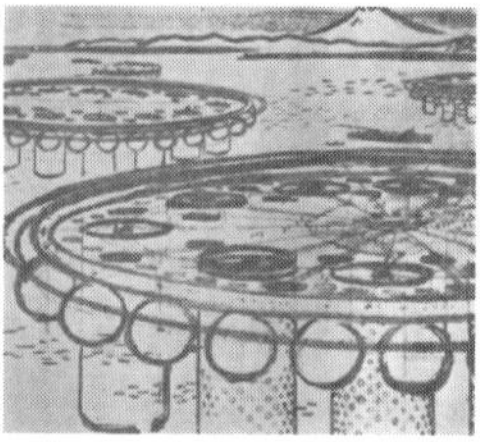
海上都市計画案（1959）

スカイハウス（1958）

らば、その住宅の完成の翌年、一九五九年に彼が発表した有名な「海上都市」の計画案に行きあたるであろう。水の上を浮遊する建築群の基盤と大地の間の疎隔を、高天原と葦原ノ中ツ国との距離に、次元転換して考えることができさえすれば、水面下あるいは海中に突出した、生活装置をつめたいくつかの塔を支えているあの巨大な円盤形の海上人工平面に、壮大な「天の磐座」の原像を見ることもまた容易であろう。

ともかく一九六六（昭和四一）年に、宮崎県の地方都市にひとつの市民会館が出現する以前において、私たちはそれが「天の磐座」であるか否かはともかくとして、空虚なひろがりの中に高く浮遊する平面と、それによって規定された空間という基礎的な特性を、菊竹氏の建築設計の一種の原理として認めてきていたことは事実であった。しかしここ数年の彼の建築では、その建築基盤が本来の中空の位置を放棄し、続々と大地に向かって下降をつづけ、重い地鳴りをひびかせながら、各所に腰をすえつつあるのだ。ここでいう〈降臨〉とはそのことである。久留米、萩、松江の作品は、いずれもそうした落下の所産であり、菊竹氏の建築の展開に新しい場面をもたらすことになった。

彼の建築に、いかにこのような急激な降下が起こったか、その解明を主要な目的としながら、私たちはその前に彼の初期の建築を貫ぬいている、中空の平面に形成された建築空間の意味を、あらためてもう一度問い、その内容を確認しておかなければならないだろう。

建築空間の懸垂的性格

柱、あるいはエレベーターやダクトなどを内蔵した壁柱を支持体として、空中にキュービックな建築空間を浮かす、という菊竹氏のほとんど常套的ともいえる手法を体現する建築は、当然のことながら、きわめて数多く存在する。前出の「スカイハウス」をはじめとし、その他ホテル建築で米子の「ホテル東光園」(1964)、「佐渡グランドホテル」(1967)、なかば公共的な建築では、「岩手教育会館」(1965)、「熊本共済会館」(1966)、「島根県立博物館」(1958)……、この他にも細かくあげていけばかなりの実例がある。菊竹氏はこれらの建築的立方体の浮遊について自ら語るときに、しばしばル・コルビュジエの例をあげて、「マルセイユのアパートの二、〇〇〇トンの力を支える一本のピロティ」の話を感動的に語る。たしかにあのマルセイユのユニテのピロティは、限られた断面の中で恐るべき重さに耐えて、建築の住空間のすべてを、いわばコルにとって嫌悪すべき大地から切り離すことに成功している。しかしこの挿話の銃口を回転させて、菊竹氏の建築に向けた場合、その中空の立方体が、コルの場合と同じ、大地からの離脱願望によって実現したものかといえば、実は事情はまったく逆なのだ。この事実はきわめて重要な示唆を私たちの考究に与えてくれる。

ル・コルビュジエの場合、彼が幾何学的理念の純粋な実現を建築形態に期待し、そのことから非幾何学的「乱雑さ」の母体ともいうべき大地を嫌悪し、そこで建築形態と大地の関係を切断するために、後に世界中に喧伝されたあのピロティの手法を編み出してきたのであった。菊竹氏の場合、ピロティに支えられた上部空間というかたちはたしかにコルと同じでも、その内容は実はまったく異なるのである。結論を先にいえば、彼の浮かんだ建築空間は、コルのそれとは逆に、大地への帰依をどこかで希求しているところに基本的な特徴がある。

大地への帰依を希求しながら、空中に碇泊している建築空間——この視点から菊竹の作品をふり返ってみると、さらに鮮明な全体像へのより解像度の高いレンズを私たちが手にしたことを実感できるであろう。

たとえば「スカイハウス」の四本の板状柱の中に押しはさむようにして空中に止めた床スラブ。それは吊り下げられた昇降機の床面のようにその柱の間を今にもすべり降りて行こうとするかのようにデザインされているのではないか。またここでの下降意欲の表現は、床スラブの下に、ムーブネットとして子供部屋を吊り下げるという当初からの計画によってさらに象徴的に強調されてもいる。

中空の建築空間を、いつか訪れるべき本質的な下降に向かって準備する方向でデザインされた典型（菊竹氏の言葉を使えば「かた」）は、一九六三年の京都の国際会議場の設計競技の応募案と、一九六四年完成の「ホテル東光園」であった。前者は中央コアに垂直の交通シス

ホテル東光園（1964）

テムを置き、それを四方から囲むようにして大きく四つのブロックを配しているが、それぞれのブロックのエレベーションにおいて、大胆なプレストレストコンクリートの桝組大梁が、下へいくにしたがって、逆セット・バックのかたちで、建物の中心部に向かい後退している。ところが実際には、上にいくにしたがって外に張り出していく桝組大梁をいくつかの支持柱がうけとめる、という構造的な解決が示されているために多くの人を誤解におとし入れやすいが、この建築の本来の発想を推測すれば、菊竹氏が無意識に固執するデザイン上の根源的な性向、つまり上部基準平面から、下方に向けて、ちょうど写真機の蛇腹を引き出すようにして、必要な機能空間を付着、懸垂させていく、という意図から生じたデザインであったことはおそらく間違いないところだろう。結果的にみて、この視覚的意図と力学的解決の対立するベクトルが効果を相殺し、デザインの真の精彩を実現できずに終っているが、もしこの構造的な解決がサスペンションを感じさせる何らかの構造によって処理されて実現していたとしたら、間違いなく菊竹氏の生涯の代表作となっていたであろう。

菊竹建築の懸垂性格をもっとも鋭く開示する建築は皆生《かいけ》の「ホテル東光園」の設計であった。建物の最上部の大梁を、主柱と添柱を貫で結合した特徴のある支持柱で保持し、その大梁から二層にわたる客室平面を吊り下げることが、この建築の主題となっている。しかしこの場合には完成後の感覚的印象としては、添柱をもった支持柱が五階床スラブに接近しすぎたため、期待された下降性の表現はかなり損われたことが惜しまれる。

懸垂性格と、それを意図した時に生じる下降時の瞬間的な気絶状態のいわば透明な悦楽を純粋に感じさせるのは、私はむしろ「ホテル東光園」の翌年に完成した久留米の「徳雲寺納骨堂」(1965)

であると考える。四角い池の上に二本の板状柱が立ち、それがキャンチレバーの床スラブと屋根を固定し、その屋根スラブから直角に折り曲げるようにして、無表情なコンクリートの外壁が垂れ下がり、床面よりやや上の位置で鋭く切れている。その外壁の内側に小さく分割されて一面に並んだ納骨檀の奥行きを見ると、設計者の貪欲な懸垂意欲が、ひとつの業のようなものにみえ、なにか鬼気迫るものを感じないではいられない。

　いずれにせよ、この美しい納骨堂は、ミース・ファン・デル・ローエの建築の系譜の中でバルセロナの「ドイツ・パビリオン」がもつようなモニュメンタルな位置を、菊竹氏の全作品の中でもっているといっても過言ではないであろう。

　しかしそれにしても、空間を規定する基準平面を中空に固定し、そこから懸垂志向によって下方（大地）へ向かって段階的に接近し、遂には近年の作品にみられるような〈降臨〉もしくは〈着陸〉にいたる過程を、この十年ほどの設計活動において菊竹氏にたどらせたのは一体何が原動力となっていたのであろうか。それを見るためには、やはり私たちは原点としての「スカ

徳雲寺納骨堂（1965）

イハウス」の時点にもう一度帰ってみなければならないであろう。

男女の合一の絶対性

二九歳の菊竹清訓氏は菊竹紀枝氏と連名で、「スカイハウス」の建設にあたっての設計理念をある建築雑誌の中で説明して次のように書いている。それは自邸の床と空間を中空へ引きあげた理由を設計者自ら語る資料として貴重である。

「地震・洪水・台風・火災・旱魃・疫病・放射能といった一次的不安に対して、家族秩序の崩壊・道徳の混乱・新興宗教の乱立・ノイローゼ異常興奮・新しい緊張と刺激の発生・犯罪・性の倒錯・原子戦争への恐怖・人工衛星・科学の制御を越えた進歩・オートメーションの強化と労働力の圧迫などの底の深い不安があげられる。(中略)

この悪魔的傾向は家庭生活の愛情の秩序を破壊し、人間が生活するという最も希望にあふれ、愛に満ちた本質的問題の焦点をさえボカしてしまい、機械的家庭生活の形式主義を生み、この形式が近代生活の単なる表皮と重なりあって、無気力な灰色の住宅を生みだしているといってよい。この人間生活への道を探しあてる努力をしない限り、われわれは明日の住居をとらえることはできないであろう。この抵抗は手近かな所から、まず始められねばならない。

火災保険や災害保険を発達させるようなことではなしに、地震によろめかない建築に、洪水にほんろうされない建物に、火災の被害をくいとめる建築にすることである。医者が疫病にとり組んでいるように、建築家は少くともこれらの基本的課題に抵抗する責任を持っている。(2)」

今それを読みかえしてみると、思わず笑い出してしまうほどたくさんの「悪魔的傾向」がそこにあげられている。同時に若い設計者とその妻の肩を強張らせている強い使命感のようなものが読みとれるのがまことにほほえましい。菊竹夫妻はこの「悪魔的傾向」から何を護ろうとするのか。いうまでもなく夫婦間の愛であり、またそれは家族と呼ばれる最小の血縁集団のまとまりであった。そして彼らはそれに対してほとんど絶対的ともいえる価値を見出している。

「家族単位は国家やイデオロギーやプロフェッションを超えて、どこまでも、またどんな場合にも、人間のただ尊敬と信頼と愛に支えられて結びあうことができる。家族の単位は人類の単位と考えてよいであろう。そして愛によって結晶する家族の最も基本的純粋な結びあいこそ夫婦なのである。国籍も、職業も、地位も、血統も、財産も、ある時には法律さえも、あらゆるものを越えての結びあいであろう。

人類の男族と女族の美しい出あいによって生れる新しい可能性の力なのである。[3]」

「男族と女族の美しい出あい」が結晶する時の愛の世界の堅固さと、その世界がもつ力の可能性についての菊竹夫妻の確信を、若者に特有の心理的熱中の一症例として軽く処理してしまうのは適当ではないだろう。ここでいわれている「力」は、少なくとも「国家」も「イデオロギー」も、時には「法律」さえも破ってしまうものであることが表明されている以上、それは一般的な夫婦愛の表明を越えて、むしろこの一対の人間関係を、この世界における絶対的な拠点、「価値」にまで高める態度があることを読み取らなければならないからである。その文章にみられる言葉の激しさと率直さは、マイホーム主義の原型といった、私たちがおちいりやすい通俗解釈を峻拒する威厳をそなえている。同時にここに宣言されている家族像は、戦前の日本を支配した「修身斉家治国平天下」という国家主義の直列的な価値体系にまったく絡みとられた封建的な「家」とも異質の内容のものであることはいうまでもないことである。一方戦後日本に流行したサルトル風の「実存主義」的人間存在の解釈、つまり人間は基本的に個的で孤独な存在であり、いかなる他者との共存もあり得ない、という考えとも明らかにそれは対立している。菊竹夫妻がこのような一対の男と女の共存関係への絶対的な意味を発見し、それを後に彼が「設計仮説」として発表した有名な「か・かた・かたち」論における「か」にあたるものとして定位し、その結果として「スカイハウス」という住居の型（「かた」）を生み出したのだと言外に説明している以上、その内容がどのような存在論的意味をもつのであるかについて、私たちはもう少し詳細に知る必要があると思われる。

　それへの格好の手がかりとして、人間の想像的領域とそれが生み出す人間関係の社会的タイプについて最近独創的な研究を発表している吉本隆明氏のいわゆる〈対《つい》（ペア）幻想〉の概念をあげることができるであろう。吉本氏によれば、菊竹氏の場合のような男女の存在論的合一に対する傾斜は、いわゆる男と女を〈対《つい》〉なる関係として絶対的価値とするひとつの想像力の世界――彼の言葉でいえば〈対《つい》（ペア）幻想〉領域――であるとされ、これは個的な実存者の個的な想像力（幻想）世界とも、また反対に「国家」に典型的に具体化されるような〈共同幻想〉とも対立しながら、独立した世界を構築するものであると説明されている。

〈対幻想〉の空間

「〈性〉としての人間はすべて男であるか女であるかのいずれかである。しかしこの分化の起源は、おおくの学者がかんがえるようにけっして動物発生の時期にあるのではない。あらゆる〈性〉的な現実の行為が〈対《つい》なる幻想〉をうみだしたとき、はじめて人間は〈性〉としての人間という範疇をもつようになったのであるといえる。〈対なる幻想〉がうみだされたことは、人間の生を社会の共同性と個人性のはざまに投げだす作用をおよぼすことになった。そのために、人間は〈性〉としての男か女であるにもかかわらず、夫婦とか、親子とか、兄弟姉妹とか親族とかよばれる系列のなかにおかれることになった。いいかえれば家族が生みだされたのである。だから〈家族〉は時代によってどんな形態上の変化をこうむり、地域や種族によってどんな現実関係におかれたとしても、人間の〈対なる幻想〉にもとづく関係であるという点では共通性をかんがえることができる。（中略）

家族のなかで〈対〉幻想の根幹をなすのは、ヘーゲルが正しくいいあてているように一対の男女としての夫婦である。そしてこの関係にもっとも如実に〈対〉幻想の本質があらわれるものとすれば、ヘーゲルのいうように自然的な〈性〉関係にもとづきながら、けっして『自己還帰』しえないで『一方の意識が他方の意識のうちに、自分を直接認める』幻想関係であるといえる」[4]（傍点引用者）。

菊竹夫妻が、「スカイハウス」において成就しようとしたのは明らかにこの〈対幻想〉、つまり「一方の意識が他方の意識のうちに、自分を直接認める」ような人間関係の世界であったことは誰でもただちに了解するであろう。そのことは同時にそこに現出された住居空間が「社会の共同性と個人性のはざまに投げださ」れながら、自律的な原理を内蔵して独立するひとつの絶対的宇宙（対幻想空間）

であったことをも私たちに教えている。これは「スカイハウス」が、戦後建築史に与えた衝撃と真に光彩につつまれた位置の理由を私たちが理解するのにもっとも重要な点である。「スカイハウス」が設計された時点の日本はといえば、戦後十数年経過しているとはいえ依然被占領状態の記憶が尾を引き、その中で国家は透明化して民族的な締めつけを弛緩させ、俗にいう頼りにならない外見をとり、またイデオロギーの教条的な流布が、資本家側かプロレタリアートかといった性急な立場の選択を求めており、完全に個的実存者として自立する自分を把握することにも人びとは困難を感じていたような時期であったといえる。その時期に菊竹夫妻が対なる結合を唯一の「価値」として把握し、それを原動力としながら、その活動領域としての住空間をつくり出し、そこに立て籠もり、その住居を文字通り「かた（典型）」として建築界に提示したところに、「スカイハウス」という作品の誕生の、今日では想像もできないほどの新鮮さがあったのである。

この〈対幻想〉への立て籠もりにこそ、菊竹氏を建築界の新しいタイプと設計者として立てる本来の虚構性があったのであり、同時に「スカイハウス」から「ホテル東光園」へといたる彼の前期の設計活動の精力の源泉が約束されていたのである。

ところでこの〈対幻想〉は、単に夫と妻の間にのみ成立するのではないと考えなければならない。吉本氏は次のように書いている。

「もちろん親子の関係も根幹的な〈対幻想〉につつみこまれる。ただこの場合、〈親〉は自己の死滅によってはじめて〈対〉幻想の対象になってゆくものをみているし、〈子〉は〈親〉のなかに自己の生成と逆比例して死滅していく〈対〉幻想の対象をみているというちがいをもっている。いわば〈時間〉が導入された〈対〉幻想をさして親子と呼ぶべきである。そして兄弟や姉妹は〈親〉が死滅したとき同時に死滅する〈対〉幻想を意味している。最後にヘーゲルがするどく指摘しているように兄弟や姉妹との関係は、はじめから仮構の異性という基盤に立ちながら、かえって（あるいはそのために）永続する〈対〉幻想の関係をもっているということができる。[5]」（傍点引用者）

実は吉本氏は、かの名高いエンゲルスの『家族、私有財産および国家の起源』において示されている、国家の成立への過程として「群婚」→「プナルア家族」→「対偶婚家族」へと段階的に発達するという説明を批判する中で、この〈対幻想〉を論じているのだが、吉本氏の説ではこの最後の兄弟と姉妹との間にある〈対幻想〉が、前氏族制社会と氏族制社会から部族制国家へと飛躍する人間の共同性の飛躍と拡大の過程を解く重要な鍵となるものであり、この兄弟＝姉妹の〈対幻想〉が前「国家」段階の共同性の拡大を可能にする契機として説明されていることにも私たちは注意する必要がある。菊竹氏は、「スカイハウス」の設計にあたって親子と呼ぶべき時間が導入された〈対〉幻想に対する建築的装置として、基準階の床スラブから吊り下ろされるムーブネットを用意していた。そして子供の成長にしたがって現実に床スラブの下にそれが付設されていったのだ。

菊竹夫妻は設計時点で親子の関係をどう理解していたか。

「夫婦による家族の単位は、やがて自分たちの血をわけた次の世代をつくってゆく。新しいメンバーが加わって、家族は時の流れとともに、にぎやかになってくる。しかし家族生活に後から加わった子供たちは成長の場の中で満足しきれなくなる時が、やがてやってくる。男族と女族をはっきり意識するようになるからである。家族生活のなかからとび出して新しい自分たちの家族単位をつくろうとするのだ。子供たちが去ってゆくと、家族生活の中心だった夫婦は、やがて二人の孤独を改めて味わされることであろう。家族の単位は夫婦だけだったのだ。[6]」

「子供たちが去ってゆくと……」以下の文章には、夫婦の対の一体性についての実感とは逆に、戦後日本の社会に目撃される風景からの、経験的な、ということは通俗的な「近代家族」観の投影がみられる。しかも最後の「家族の単位は夫婦だけだったのだ」というやや年寄りじみた咏嘆は、あえてそれが最後に注釈してあるために、逆によけいに私は「実は家族とはそんなものではない」という、彼（等）の意識の深層における声を聞く思いがする。実は菊竹清訓氏の建築には、その種の「近代家族」像とはまったく別に、本質的な〈対幻想〉の濃密な空間が籠っていたのだ。それは単に夫婦だけのものではなく、親子、兄弟それらすべての〈対〉幻想を一体化した、いわば母系制を柱とする原始的な血縁共同体のような世界へのプロジェクションによって裏打ちされているように思われるのである。

血族的共同体空間への展開

私がそのことに最初に気づいたのは、皆生《かいけ》に建った「ホテル東光園」を前にした時であったといえよう。それは私の前にあって、私がいつも求める建築の全貌の一気の了解を拒みつづけていた。そのかわりにその建物は顕微鏡映画の生命体のように、怪奇な内部的な増殖を例の懸垂性として行ない、しかも建築の賞味者の感覚の立ち入りをかたくなに遮断していた。最初はこのホテル建築にあるまじき拒絶に当惑し理解がさまたげられたが、しかしある瞬間、ちょうど奇術師のマントが落ちる時のようにすべての障害がとれ、私は一つのことをはっきりと了解することができた。つまりその建築はホテルといった今日的な人間関係の中で生み出された施設ではなくて、そこに設計され実現されているのは巨大なイエだったのだ、ということにつきていた。

その意味で「ホテル東光園」はたしかに「スカイハウス」の着実な展開であった。それは単に空間量や建築手法や技術の拡大ということにつきるのではなく、菊竹氏の〈対幻想〉の確実な増殖であったといえよう。

〈対幻想〉を基礎にした家族が、兄弟——姉妹の伸縮性ある〈対幻想〉をもとにして距離的な拡大に耐え、しかもおなじ母親から出たという意味での母親の系統を共同体の軸として立てながら、ひとつの社会を形成すると吉本氏は説明するのだが、私は「ホテル東光園」に接した時の印象を「スカイハウス」とのつながりで整理するのに、この類比をもってする以外に方法がないような気が今はしている。この建築は菊竹氏の内面につづく〈対幻想〉の充実によって得られた理念としての母系氏族的共同体の建築的実体化であったことに思いあたったからである。

前=国家的な社会組織としての母系的な氏族

ホテル東光園　ロビー

制社会においては、母系の女権はその歴史時間的な垂直性によって宗教権をもち、一方男は現実的な水平方向への支配、つまり政治的力を受け持ったらしいことは、アマテラスとスサノオの姉弟の挿話をはじめ多くの伝承の型が物語っている。

ところで私たちが「スカイハウス」において確認した夫婦の〈対幻想〉の空間から、「ホテル東光園」においてその発展としての母系氏族的共同体の建築的複合体を見るのは、まさにその種の社会にのみ象徴的な各エレメントを、現実にこの建築の中に認めることができるからである。たとえばそのホテルのロビーの空間を突き切って上昇している貫で連結された主柱と三本の添柱のユニットがある。主要空間へのこの柱の無造作な乱入において、私たちはすでにそれがきわめて象徴的な存在であったことをまず最初に理解させられる。つまりこのホテルの特色のある柱は〈対幻想〉の建築世界における母権のシンボルではなかったか。さらに共同体において母系の宗教的な権威がいわば社会的構造「柱」であるとすれば、その構造「柱」によって固定され、戦闘力によって現実的世界（空間）を支配しようとする男たちの力のシンボルは、当然「床」でなくてはならない。魅力的な支持柱によって中空に確保された数層にもわたる床スラブ。その共同体に時間的な厚みが増加すれば支持柱は伸び、力による支配が空間的に拡大すれば床は懸垂しながら層を増し、同時に水平に床面積を拡大して行くという増殖のメカニズム（「ホテル東光園」の場合現実の増殖は「柱をたてて好きなように増築できるという横に成長させる方法」によって処理する方法がとられている）。

このように考えてくると、菊竹氏が「ホテル東光園」の計画を発表するにあたって提出したテーゼ、「柱は空間に場を与え、床は空間を規定する」[7]、という言葉の内容も、自ら違った光のもとに別の意味をもって立ちあらわれてくるにちがいない。母系的な系列が継承する宗教的な権威（アマテラスやヒミコの原像を考えればよい）は、間違いなく血縁的共同体に時間的に垂直な〈芯〉として「場」を形成したし、世俗的な力の操作（政治）を担当した男たちの仕事は、まさに自分たちが及ぼし得る力の範囲を「規定」し、それを領域（領土）として仕切り取ることではなかったか。

いずれにせよこの「ホテル東光園」はホテルという近代的な機能の仮面を自ら脱ぎすてて、その看板のかわりに、〈対幻想〉を基点としながらもかなりの規模に拡大した血族的共同体の複合血縁集団の〝砦〟として、シンボリックな〝紋章〟を掲げたほうが、はるかに私たちの空間理解を容易にしてくれるであろう。その意味では、「国立京都国際会館」のコンペ（1964）における菊竹氏の応募案を、どこか「異教的」であることを理由に葬り去った審査員たちの「近代西欧」的感覚は正しかった、といえるかもしれない。[8] その会議場はメカニックな国際会議の場というよりも、たしかに血縁的各氏族の長《おさ》たち、つまり神々の集いのための場、〝砦〟の雰囲気が色濃く滲んでいたはずだからである。また菊竹氏の建築がしばしばもつ、いわば「縄文的」ともいえる怪奇な相貌の原因も、実は彼の建築空間自体がかかえている原始性から発散するものとして理解されてくるであろうし、また彼の「伝統」への関心も、神話的世界と彼の人間関係の〈対幻想〉的理念との親近性に起原をもっていることがわかるはずである。だからこそ氏は、まさしく氏族の長《おさ》の家としての出雲大社に衝撃をうけたのであった。[9] また〝紋章〟といえば、彼の設計した建築の多くに、クライアントに由縁の「家紋」が取り入れられていることは、彼の建築空間の体質（血族的、あるいは氏族的体質）を示す傍証であろうし、さらには彼のクライアントそのものが、石橋家、田辺家といった「旧家」の主たちであり、それとこれも同じ旧大地主菊竹家とのいわば氏族的交流によって多くの代表的建築がつくられてきていることもその辺の事情を物語っていると思われる。

ともかく、「ホテル東光園」は、本来ゲゼルシャフトであるべき近代社会の中に、悠々と（あるいはヌケヌケと！）ゲマインシャフトの建築空間を実現して浮かんでいる。原広司氏が「もはや論理が介入できない領域に属する性格(10)」としての建築の「虚構性」を、そこに発見したのも、結局この〈前＝近代〉の、論理にならない論理のためであったに違いない。このことは同時に、菊竹氏の建築の「かた」が、彼の希望にもかかわらず近代社会において一向に「かた」として普遍性をもたない根本的な遠因にもつながっている。

都城市民会館（1966）

そして都城への降臨

「ホテル東光園」および「佐渡グランドホテル」の設計をもって、「スカイハウス」にはじまった菊竹氏の〈対幻想〉空間を建築へ具体化しようとする試みの展開は、終りをつげた。これに続いて、例の〈降臨〉の時がやってくるのだ。記紀神話における降臨のエピソードが、高天ヶ原における血縁的な共同体の世界から、稲作という新しい生産技術を背景にした別の社会形態へ社会が次元的飛躍を遂げることを暗示する事柄であったといわれているように、菊竹氏の建築設計の展開において、中空に保持された虚構的空間が大地の上に降下するということもまた、彼の建築理念の次元的転換を意味する事柄であったことはいうまでもない。菊竹氏はここでそれまでの空間理念を放棄して、それよりひとつ次元的に転換した空間形成への出発を決意したのである。

遠く霧島の山脈を望む「都城市民会館」(1966)の設計の中には、その過渡的な形態を私たちはさまざまな側面からうかがうことができる。

菊竹氏の理念としての血縁的共同体の建築空間の虚構性を、まさに虚構性として護っていたのは、「床」と対《ペア》になりながら「空間に場を与える」ものとする「柱」であったことはすでに詳しくふれた。したがって、設計者がそれまで追い求めていた建築空間を解体して、新たな次元的飛躍の後に、自分が設計する建築をより大きな共同体と同調させようとする時には、当然この「柱」のもつデザイン上の重要性(象徴性)は後退さ

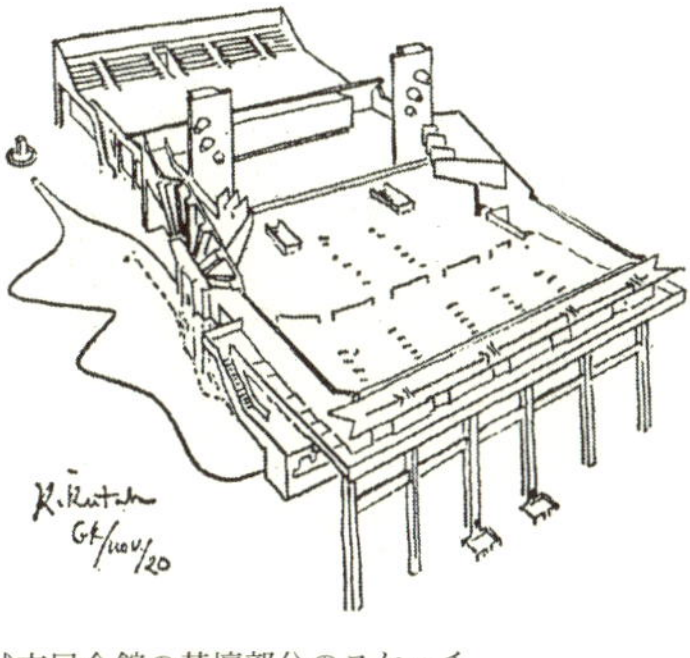

都城市民会館の基壇部分のスケッチ

せざるを得なくなる。「国家」の出現とともに母系的な氏族制社会における母性の宗教的な支配力が希薄化したと同じように、「柱」は空間に「場」を与える能力を次第に退化させていく。都城でいえば、正面入口の六本の列柱は、手法としては六年前の「島根県立博物館」の東側の列柱とおなじでありながら、後者が上部の建築的立方体を支持して健康な表情にあふれているのに対して、どこか虚弱な、何か耐えられないほどの蔑視をあびて立っているかのような、いわばおぼつかない印象を私たちに与える。これらの柱の悲劇的な相貌は、それが客席スラブの下に向かっての崩れ落ちるようなデザイン上の指向性を強調する手段として使われ、支えきれないことの自白を強要されていることから生じているともいえよう。逆にいえば、かつての菊竹氏の建築において柱によって「場」を与えられ、その意味で柱に従属的であった床が、今や自分自身の独立をもとめて空中から自己流出し、客席、舞台さらに後方の屋外劇場のテラスへと伸張し、謀叛したのである。この柱と床の序列関係の逆転と、コンクリートのプラットフォームの、張力を忘却したような伸展は、間違いなく設計者の空間理念の転換をなまなましく投影し告白している。

一方この柱の権威の後退にともなって、それに代わるように登場してくるのが、この文章の冒頭に追衾《おうふすま》つまり被う蒲団としてふれた天蓋（屋根）であった。都城の天蓋は七本の一体架構された鉄骨の柱・梁で懸垂され、その鉄骨架構はブレースのように立体的に組んだ鉄筋で全体が締め上げられている（この建築でもっとも美しいのはこのブレースだ）。ここにもこの建築の過渡的性格がみられる。たとえばそれ以前の菊竹建築の基調であった懸垂性の手法が、床を吊り下げることではなくて、屋根膜面を柱・梁の下にかかえ降ろすことに翻案されて用いられている点などがそれである。床の弱化、床の流出とともに天蓋の懸垂表現は、やはりこの建築の着地願望を強調してあざやかである。いずれにせよこの建築のなり振りかまわぬLanding、つまり着陸への意志は、一刻も早く海に入りたがる裸の子供をおさえて準備体操をさせている親の心にこみ上げてくる笑いに似た、それを前にするものを思わず哄笑《こうしょう》させずにおかない心地よい明るさをつくり出している。その点にもっとも正しく注目したのは宮内康氏だが、彼はその非常にすぐれた菊竹論の中で次のように書いている。

「柱は八ッ手形に変形され、屋根架構は奇怪な姿でその力学を露出している。ここには技術のバイオレンスもなく、或いはスミッソンのいう技術の静けさでもない。それは技術の屈服、技術の裂目であり、全能であるかに見えた技術が一瞬その限界、その破綻を露呈するのである。それは不気味であると同時に滑稽であり、拒絶的であると同時に不思議な親和感をよびおこす。[11]」

この種の技術の怯みを引き出したのが、菊竹氏の行った建築空間の性急な着地へ向けての荒々しい操縦術であったが（その性急さのせいでこの建築はその後ディテール的に多くの問題をも露呈するハメになった）、それにしても彼にこれまでの急激な方向転換を決意させたものは一体何だったのであったろうか。

新たな共同性への幻想

菊竹氏は戦後の社会的混乱の中で生じた「悪魔的傾向」に対する建築家の「抵抗」として「スカイハウス」を実現し、そこに密封した〈対幻想〉空間を、長い時間を費やして発酵させ、ついに「ホテル東光園」の氏族的ともいえる特殊な共同性空間にまで充実させた。そしてその充実を懸垂性によって表現し、そのブラサガル空間がいつの日か大地に根づくことによってその完結を実現するであろうことを夢として告げていた。しかし現実的な（つまり地上からの）視線の中では、それらの作業はすべて完全に中空に位置した菊竹氏の虚構平面において遂行されていたことはたしかであり（それはエンゲルスが「氏族社会」に賭けた虚構性に匹敵する）、いわば日常性につらぬかれた現実的地平からの勇敢な分離において、設計された建築は逆に無限の迫力をもった。

一方菊竹氏が自分自身から切り離した大地——戦後日本の歴史土壌は、いぜんとして「悪魔的傾向」が根強くはびこっていたけれども、幾度かの社会的震動によって、その「傾向」はそれぞれが当然帰結すべき根源へと整理されてきていた。たとえば「スカイハウス」の完成の二年後に起こった六十年安保改定問題を通して、日本でいかなる思想的位相に位置していた者も、戦後もっとも強烈に、何らかのかたちで「国家」の硬質で透明な枠の手ざわりを意識することになったし、「悪魔的傾向」の多くがその根源においてこの枠に関係をもつことを、短い活動の閃光の中で見るべき人たちは見たのである。

安保の後、岸内閣に代わって池田内閣の低姿勢がもちこんだ所得倍増政策が、一度露出しかけた「国家」枠の霧消につとめ、やがてそれが経済成長の霧の中からふたたび姿を現わした時には、それは金銀銅のオリンピック・メダルによって鋳造されて、すでにアプリオリなものにさえ見える散文的存在に隠蔽されていた。しかもその「国家」枠の中に沸騰する水銀のように充満させられたのは、技術革新の熱気であり、それは「情報革命」といった言葉でいわれる流動的で、同時に見事に管理された世界の出現への予測であった。この熱気こそが「国家」が個的意識へと放った〈新幹線〉

であり、もちろん同じものはいわゆる〈対〉なる合一をも容赦なく突き抜けようとしたのである（俗にその浸蝕を「女上位」とか「フリー・セックス」とかの週刊誌用語が発《あば》いている）。菊竹氏はその光景を彼の理念的「磐座《いわくら》」の上から、メタボリズムの複眼で観察し、豊葦原のごとく地平を埋める技術文明の成長や、噴き上げる地熱のような情報量の増大と集中を目撃し、一人で考え込んでいたにちがいない。

つまり「国家」という共同幻想の大きな投影物が、はっきりと輪郭をとって定着しつつある状態を、〈対幻想〉の理念的平面の上から正確に把握していたのである。なぜなら厳然とした「国家」枠の社会への定着は、当然彼の血縁的な〈対幻想〉空間の完結性の歴史的意味を失わせ、その存在の史的必然性を失わせていく力をもっていたからである。元来、彼の〈対幻想〉空間が、戦後の被占領状態の慣性によって「国家」枠が不安定に動揺していた状況に対する、いわば基礎的な防御形態として構築されたものであった以上、戦前の日本にあったような「国家」の定常状態の回復は、その空間があたかも池の中に沈められたガラスのキンギョ鉢のように、完結そのものを芸術的虚構から、単なる虚構へと落としこむ可能性でもあったからだ。鋭敏な菊竹氏は、この大きな枠に向かってそれまでの自分の完結的な建築空間を切り開いていく必要を敏感に感取する。と同時に彼はその種の血縁的共同性の建築空間の飽和を自分自身の中に感じていたのかもしれない。そしてあの〈降臨〉の時がやってくる。

〈降臨〉がまさに〈降臨〉であるということは、いうまでもなくそれまで中空に架構されていた菊竹氏の建築空間が単に下に降りるということではなく、降りることによってその内容に根源的な変革を起こすことを意味する。したがって着陸《ランディング》を遂げた空間は、光速ロケットで地球に帰還した飛行士のように着地の瞬間に別のもの、つまりそれまでの血縁的な共同性の空間から、別の共同性——いわば情報利益社会の共同性へと変質することを余儀なくされるのである。

そのため先に見たように、それまでの菊竹建築の構成の〈対《ペア》〉の一方をうけもっていた柱の衰弱に典型的に見られるような変化と、新しい空間共同性の表現のための新しい象徴的技法が生み出されていくのである。それは大略次のように整理される。

(1)着地した「柱」——プラットフォームの公共化　(2)光・音・空気等の目に見えないものの制御　(3)床と目にみえないものとを最終的に統合する、仮設性を強調した天蓋(屋根)　(4)これらの新しい共同空間の実現のための設計組織の公共化、つまり構想、計画、設計の各チームの編成、などである。

私たちはこれらの変化を、「久留米市民会館」(1969)、「萩市民館」(1968)、「島根県立図書館」(1968)の作品を例にとりながら、その成果についていくつかの批判的な考察を最後に加えて行かねばならない。

統合の手法としてのロビーと設備

着地しようとするコンクリートの「床」のなまなましさについて、私たちは先に「都城市民会館」の客席から後方プラザにいたる広い基壇の状態を指摘した。その後この基壇はどのような進展を見せたのであろうか。久留米、萩、松江の設計順序は、完成とは逆に久留米が一番先で後のふたつがそれに続くが、まず「久留米市民会館」においては、その基壇はセクションにおいて見れば実に瞭然としているように、正面の三つのアプローチ階段を一階分上った平面として連続していることがわかる。まず広場《プラザ》にはじまり、ロビーを通って最後にホール客席として下降する土間から舞台へと続いている床面。萩では玄関、小ホール、ロビーから大ホールの客席へと一体化し、松江の図書館では一階エントランスのホールのかなり広い床面がそれである。

かつて菊竹建築が「天の磐座」としてあった時の床は「空間を限定する」ものとして、呪術的、また絶対的な象徴性を発揮していたが、〈降臨〉の後のコンクリート平面はそのような往時の力を失って流出する。その代わりにこの床面の一部は、異なる機能をもった空間の出合いの場となる「パブリック・ロビー」として驚くべき変身をとげたのである。この基壇は全体として特殊な暗示的力をもつのではなく、その基壇の中心的なある部分が空虚な核として、その建築の全体性（＝共同性）を暗示するものに姿を変えたのである。

「パブリック・ロビーは、その表情で建築の成り立ちが理解できる建築の顔」として「その建築の持つすべてのシステム系のノーダル・ポイント——Nodal Pointである。設備のシステム、構造のシステム、運営のシステム、人の動きのシステムが視覚化されている必要がある」(12)といわれている。

萩市民館（1968）

「久留米市民会館」のパブリック・ロビーは、まさにホール前のロビーであり、「萩市民館」では大ホールと小ホールの間のロビー、「島根県立図書館」では雁行する二列のL型集合の目的空間の間の広間がそれにあたる。しかしこれらはいずれも意図された目的からかなり遠く、久留米では散文的な印象、萩ではふたつの目的空間がうまく嚙み合わない結果としての乱雑さがみられ、比較的うまく行っているかに見える松江の県立図書館にしても、現実には幅の広い天井の高い通路の役割以上には、表現が〝離陸〟していないように私の目にはうつった。これは異質の目的空間を相互にぶつければその間に自動的に空間的な場が生じる、といった建築家のおち入りやすい誤解のためともいえ、またすべてのシステムの集合の象徴がおなじく自動的に全体性（空間の共有性）の表現を達成するという、発想の平板さの結果でもあったのかもしれない。空間が生きるためには誰かがその中に立ってそれを維持しなければならない。そこがどうも理解されていない印象をうけた。着陸した「床」のパブリック・ロビーへの転進は正直なところ停滞しているように見えた。

〈対幻想〉の濃密な空間共有性から、情報利益社会に即したより大きな空間共有感覚を実現し、そこにまったく新たな空間をつくり出そうとする菊竹氏にとって、「床」が前述のように「柱」とペア（対）になっていた時ほどに魔術的な力をもたないことが予想されたため、もっと別の強力な手法の開発が不可欠であった。そこで、川添登氏の言葉に啓発されて彼が発見してくるのが、建築における「目に見えないもの」に関する技術と、それを制御する装置——つまり「設備」であったのである。

「目に見えないもの」とは具体的には音、光、空気の三つであるという。

「設備こそ、正に目に見えない秩序を建築に要求しているものに他ならない。何故なら、設備は丁度電気等と同じように体系的秩序をもっているが、そのものは目に見えない、空気・光・音を取扱うからである。（中略）そこで照明、音響、空調等、設備技術の現実をみてみると眼、耳、口というように人間の五感をバラバラに分解し、それぞれが個別的に独自の計画をすすめ、独自の発展を遂げようとしているかにみえる。（中略）私にいわせれば、設備における人間不在のこれは証明であろう。こういう非人間的設備計画をやめ、非人間的発展を設備に許さないためにはバラバラに分解された設備を統一し、目に見えないものを把える方法、体系、装置を考えることが重要である。[13]」

その結果菊竹氏は「空気・光・音を統一する」という新しい命題を設定するにいたるのである。吉本隆明氏は、〈共同幻想〉が最高の自己疎外を達成した時の「国家」権力が、まさに「目に見えない」法律という言葉を駆使するために法体系を常に整備しつづけていくと説くが、これとおなじように、菊竹清訓氏は無意識のうちに、〈共同幻想〉の建築的形象ともいうべき「市民会館」などの作品において、「目に見えない」空気・音・光を制御する、つまり管理し、体系づけることを、設備への関心によって実現しようとしているかに見える。「都城市民会館」の計画では、この光・音・空気の集中し一体化した射出と管理がその目標にされながら、技術的解決の困難さのために、舞台両袖の空調吹出ノズルの集中化の表現に限られたことはよく知られている通りである。しかしその後も菊竹氏のこの方向での追求は一貫して続いており、久留米、萩とも空調関係のダクトの断面的表現がデザインのひとつのポイントになっている。またこの設備を建築的な表現の表舞台へと押し出し、特に屋根架構と関連させる方向で象徴化する、いわゆる「設備天蓋」の実現が予告されてもいる。久留米の芭蕉の葉のような美しい形をもった白い可動反響板装置のある天蓋などもその初歩的な試みであろうし、これは実現しなかったが、松江の県立図書館の天蓋において設備機器を内蔵し、ダクトを各必要点に向かってはわせるという最初のアイディアなどがその方向をよく暗示している。いずれにせよ、この問題は菊竹氏をしてしばらく熱中させつづけるテーマとなるであろう。

仮設的天蓋の魅力

情報社会における社会的空間の共有性の表現という〈降臨〉後の菊竹氏が自らに課した宿題に対するいくつかの新手法のうちで、現在最も効果をあげているように見えるのは、冒頭に床を覆う衾（かけぶとん）としてたとえたあの天蓋である。これらはいずれもきわめて強く「仮設性」を訴えているところに共通した特徴をもつ。

久留米の大ホールの屋根、萩の複雑な鉄骨天蓋、松江のロビーを覆う民家の室内を思わせる鉄骨梁は、「火事になればきれいに焼けおちる」という言葉そのままに仮設的である。天蓋のみせる迫力は中でも「萩市民館」の場合が圧倒的である。私自身そこを訪れて一瞬息をのんだ記憶がある。

「この天井、つまり屋根裏でもあるわけだが、これが大ホールからロビー、そして小ホールと伸びていることによってそれらの空間の一体性、つまり同じ宇宙の星の下にわれわれは住んでいるんだという同じ内包感にひたることができる。[14]」（傍点引用者）と萩の感想を述べたのは編集者の平良敬一氏であった。

おなじ宇宙の星の下に住むという内包感――この言葉は都城にはじまる菊竹建築の新紀元の基本的な意図を実に素直に突き差している。しかしそれにしても、平良氏が把握したような空間の一体性、内包感はどこから生まれてくるのであろうか。天蓋の下に張られた照明ランプの星座のような列のせいかもしれない。しかしやはりその根源は、あの蜘蛛が張りめぐらした巨大な巣のような鉄骨と鉄筋の露出した天蓋のもつ特殊な視覚効果にあるといえよう。

私が萩を訪れた時、大ホールではセーラー服や詰襟姿の中高校生たちがレコードコンサートを開いて楽しんでいた。その時、私は偶然に昔みた映画「グレンミラー物語」のあるシーンを想い出したのだ。それは戦場慰問の楽団《バンド》がひとりの女性歌手の歌に合わせて演奏するのを若いＧＩたちが足をならし口笛を吹いて熱狂していた場面であった。それはたしか飛行機の格納庫の中であり、急いでしつらえた舞台《ステージ》の周囲の明るい華やぎのまわりには、不似合で無骨な鉄の柱や梁が見え、その建物の外にはまさに戦争が、飛行機の爆音や遠い爆弾の破裂音として迫っていた。しかし逆にいえば

萩市民館　天蓋

その種の戦場の殺伐とした環境が一枚の壁・屋根のすぐ外に押し寄せているからこそ、格納庫の中の兵隊たちの昂奮はなおさらひとつになって盛り上るのだ。

私はこの記憶を手がかりに、菊竹氏の建築の天蓋がもっている〝魔術〟を理解した気がする。つまり彼のデザインする仮設性を強調した天蓋は、外の何らかのきわめて苛酷な環境を、最少限の部材で、やっとどうにか排除して建築的内部を支えていることを、建築表現として訴えるようにデザインされているのだ。そのことは設計者がこの屋根のデザインを船の構造に見立てて説明していることからも確認される。つまり「船板一枚、その下は…」というアレである。かくして頭上に展開される苛烈な仮設性によって、その下にいる人びとは、何かの自然的あるいは社会的困難からたがいに避難してそこにいるかのような一時的な連帯に捕えられ、その空間を共有するのである。

実は菊竹氏のこの仮設性の手法は、かなり「古い手」である。彼は「とりかえ理論」といったまったく別の論理でそれを説明しているが、彼の初期の作品から一貫して、建築の中のとりかえ得るもの――仮設的なもの――はすべて、目的とされるある虚構的空間の緊張度を高めるためのデザイン上のオドシ役に他ならなかったのである。たとえば「スカイハウス」のムーブネットは、彼の〈対幻想〉空間に対する現実社会の日常性からの告発として導入されている。この喩えは適切さを欠くかもしれないが、少年に情事を目撃させて性的な刺激を高めようとする男女のように、彼はそのフィクショナルな空間に、仮設装置という普遍的な日常性の眼をもちこみ、逆説的なテンションをかけていたのである。

その手法が、彼の建築の〈降臨〉の後、つまり都城以下の〈四部作〉では、天蓋架構の仮設性に姿をかえ巨大化してあらわれた。さらにそれに加えて、都城で開発された空調ノズルの集中化が造るダクトの切断面が、そこに集う人々に外部（気）の苛酷さを告げようとする聖歌隊のごとく暗示的に口をあけ、緊張がさらに高められようとしているのである。しかしこの「仮設性」と「目に見えないものの秩序」によって確保された空間の共有性はいったい本物なのであろうか。実はこの空間の共有感覚は、虚構性にまで昇華し得ずに、虚偽の共同性の表現に止まっているのではないかと私は直観する。というのもこの建築の外にはかつて焼野原に人びとがバラックを建てた時のような仮設性において耐え忍ぶべき苛酷な状況が失われていることを、私たちはすぐ気づいてしまうからである（しかしそれに劣らない別の苛酷さは現実としてあるが、菊竹氏の建築は不思議にそれには無関心である）。したがってこの仮設手法はいつでも単なる虚妄の技法として堕落する危険を孕んでいる(15)。

しかしそれでもなお菊竹氏を建築の仮設性の表現に走らせてしまうのは、多分彼が学生時代に経験した戦禍の中での野坂昭如風の「ヤケアト感覚」が彼の中にも依然として残っており、それが意識の深層に尾を引いて今日に到っているためではないかと私は秘かに推測しているが(16)、それにしてもこの仮設性を菊竹氏と同世代の平良敬一氏のように「天井で放射し交錯する鋭い鉄の拡散的な飛び散るようなドラマは、人間を無目的な自由の世界、遊びの世界へ連去る(17)」と全面的に評価することは、「ヤケアト」世代が、自分たちで掘った陥穽《かんせい》に自ら落ちていく姿を見るように思われてしかたがない。

医師的視座の寒さ

菊竹氏は最近発表した文章の中で、設計という行為についての自分の考えを次のように説明している。

いる。

「設計とは人間または社会の空間的生活活動の調節である」[18]。そこで設計者がまず行なうべきことは「どういう空間では人間はどのようなビヘービアをもつか、そこにどのような法則が認められるか、また空間の作用が人間の心理と行動にどのような影響を与え、どんな風な応答が表われるものか、じっくりと観察し、正確につかんで行く努力と態度が必要である。そのためには定性的な了解から一歩すすんで定量的な判断、測定というものに近づいていく必要がある。それはおそらく統計的であり、確率的な性格をもつものに違いないと考えられる」[19]と述べている。彼はそこから「アーキテクチャ」と「サイバネティクス」のふたつをあわせた〈アーキナティクス〉という新語をつくる。そして〈アーキナティクス〉は建築に次のような効果をもたらすと書く。

「まず建築の設計が個人あるいは組織であるとを問わず、その内容において精度をいちじるしく高め質を改善することで、設計をよくサポートすると考えられることである。つぎに建築と都市との関係については、これを改善し、一個の建築の問題からはじまって、地域全体の空間環境の問題に拡大していくということが考えられる。またもっとも重要なことは、こうした人間活動の追究および空間との関係を詳細にみていくということは、人間的環境（最適環境）の実現、しかも調節・制御という問題をとおしていえることは、そこに人間に対する深い配慮が必要欠くべからざるものとして浮んでくるという事実である。[20]」

人間性に対する深い配慮——こうした言葉から私は逆にどこかで背筋の寒さを感じないではいられないのはなぜだろう。もちろんそれが菊竹氏によっていわれた言葉である以上、心からの善意をもって語られた言葉であることは疑いがない。しかしそれにもかかわらず私にはその言葉を正面から受けとめる勇気がない。今このような魔術的な言葉をほとんど官僚的ともきこえる冷静さで平気で使うことのできる建築家が、ちょうど十年ほど前、様ざまな「悪魔的傾向」におびえながら、「愛によって結晶する家族の最も基本的純粋な結び合い」をその妻に求めて美しく抱き合っていた人物と同一の人なのであろうか。十年という物理的時間がひとりの建築家に焼きつけたものの大きさをやはり私は考える。

この場合、文章が官僚的に感じられるのは、ものごとが全体に一貫して上からの視座によって語られているからではないだろうか。ここではそれを仮に建築家の医師的視座と呼ぶことにする。つまり、「人間または社会の空間的生活活動の調節」者として医師のような目差しで見守る（配慮する！）存在である。彼によるこのような建築家の位置づけは決して新しいものでもないし（川添氏によると菊竹氏は中学時代医師を志望していたという(21)）また彼に限らず多かれ少なかれ彼の世代の建築家たちに共通する態度だが、最近の〈共同幻想〉空間の特性や、あるいは久留米以後の設計組織の大幅な改変などを見るにつけ、いよいよ菊竹氏はその方向に決定的な歩みを開始したらしいことを、私たちは知るのである。この「医師的視座」において重要なことは、人間をビヘービアとして観察し、計量し、統計的に、確率的に把握するという態度であり、同時にその種の目差しを向けている主体（建築家）そのものをも、このサイバネティクス的全体に解消してしまう点であろう。

もし本気で菊竹氏が自分自身の建築家としての位置をこのようなものとして理解しようとしているとしたら（私は決して信じたくないが）、私たちは、彼はこの十年間の設計活動において自分を建築家としてきたもっとも肝心なものについて、十分に理解していたのかどうか、という素直な疑念に私は今おそわれずにはいられない。これまで見てきたことからもわかる通り、菊竹氏の建築が建築として生命をもった時というのは、彼が「人間または社会の空間的生活活動の調整」者として見事に役割を果たした時ではなくて、彼が社会の一般的な状況に対してある特別のかかわり（よい意味での偏見といってもよい）をもって接し、その内面的なまた根源的な欝積の中に沈みながら、その内面のふくらみに外被――床や屋根や柱――を与えていった時ではなかったのだろうか。少なくとも「スカイ・ハウス」を設計した時の菊竹氏は、彼を捕えた〈対幻想〉の空間に不可欠な「男族」の分担者として、その建築の内部に座を占めていたし、その後も「ホテル東光園」に典型的なように、そうした複合的〈対幻想〉空間の虚構性を立派に立てるべく、その建築の内側にヘルメットの学生そのままに、立て籠っていたのではなかったか。また都城では起伏するコンクリートの基壇にしがみつき、その着陸した平面を覆うべき「衾」の架構にヤッキとなっていた姿から、すばらしいユーモアと共感が生まれたのではなかったか。

これらの建築の力が、「空間的生活活動の調節」から出てくるものでないことはたしかである。それはどこかのデモクラシーの教科書にでもありそうな編成をもった、菊竹事務所の設計組織が送り出した近年の作品につきまとうやや弛緩した内容が逆証明しているともいえるであろう。そこでは、菊竹氏が〈対幻想〉の空間に固執していた時期と異なり、設計者が建築の内ではなく外に出ており、同時にまた共同作業的な設計組織が、今日の社会において空間的な共同性を虚構する決定的な契機を見出し得ないで苦しんでいるのだ。「パブリック・ロビー」、「目に見えないもの」の制御、あるいは「仮設性」の追求といったどの側面においても結局共同性の空間の本質的な達成は不可能であろうと私は予測する。その種の共同への性急な意志そのものが今日虚妄なのだといっても過言ではない。その限界をあえて踏み越えようとすれば、その時こそ菊竹氏の設計組織が、「国家」と合体する時であろう。あるいは彼の建築家としての「医師的視座」は、すでにその時のための準備なのであろうか。もしそうだとすれば私たちは、彼と彼の建築にやがてはっきりと離別を告げなければならないことになるのだが。

建築家が自らを機能体としたこと

私自身は設計者ではない、しかし建築そのものの絶対的使用、つまり賞味を通して生き返りたいだけなのだ。そして建築家たちもまた自分が設計する建築そのものへの立て籠りを通して、自分自身の職能、いや自己自身の存在を回復しなければならない。私は自分の故郷松江に建った「島根県立図書館」を見た。それは城山のはじけるような緑を濠ごしに見るすばらしい環境に位置している。しかし完成した図書館はこの緑を、閲覧室の床と天井のスラブの間に立てた板状柱によって一定間隔に仕切られた枠の中におさめ、いかにも「緑色は読書に疲れた眼の生理学的休息によい」といった具合に事務的に(閲覧室の空間自体が事務室的だ)処理されていた。これを眺めながら私は、もし建築がカッコ入りの「か」や「かた」や、「都市」や「地域全体の空間環境」などの表面的制約からもっと自由であったとしたら、設計にどんなに多様な可能性が実現して行くだろうか、ということをやはり夢想しないではおられなかった。この図書館は「人間的環境（最適環境）の実現」を目ざしながら、その建築がどうしてもこの位置になければならない必然性を私に説得することができないで当惑しているようにみえた。なぜ建築家はその場所にもっとも適した、またそこでしか通用しない個別的な解決にもっと真剣にならないのだろうか。もし私が設計者なら閲覧室にもっといっぱいの生きた緑を取り入れる努力をするはずだし、もし高い天蓋を架構するならそれをその閲覧室のために使ったであろう。そして本を読むという劇的な行為を、あの事務室風のスクエアな空間からまず救出することを考える。本を読むことは本を処理することではない。その中にすばらしい意識の想像的なふくらみが実現する。その意味で私はラブルーストの時代の閲覧室や近くはスターリングのそれの図書館空間の処理のほうがやはりより、望ましいように思う。

　ともかく建築家は自己を回復するために、「医師的視座」から発する〈共同体〉の空間化の試みと、その治療手法として「かた」（普遍的論理）の普及というあまり実りの期待できない願望を一刻も早く放擲しなければならないと私は考える。また菊竹氏が結局その虚構性を放棄しなければならなかった〈氏族的共同体〉の空間化も、今日の状況において、その虚構性も直接的には意味を失っていることを私たちは確認すべきであろう（ただしこの虚構にはまだ魅力たっぷりの部分は残されているが）。とすれば残された基点はひとつしかない。建築家はまさに建築家として、自分の建築的想像力の世界に立ち、内へ内へと立て籠もりながら求心的な探査の中で、ある時一瞬にして全体へと吹き抜けるつまり想像力を射出することなのだ。

断るまでもないが、それは何も建築家が社会活動における隠遁者になることではない。むしろ逆に、菊竹氏や川添氏などのメタボリズムを唱導する人たちが、建築における機能概念を実体として捕えようとしたのとまったく裏腹に、建築家の存在を「医師的視座」に象徴されるような機能的概念によって把握し、建築家の社会的実体——正確にいえば「実存」を消去したことに対する、私たち建築の使用者の側からの根本的な批判なのだ。私たちはまず何よりも自己の存在を社会的な機能体の単なる一要素として考える建築家の視座を拒否しなければならないのである。また建築家が立て籠ることは、彼らが住宅のみを設計できて、公共建築といった種類の建物に手を出せないなどという馬鹿馬鹿しい考えを示していることでもない。ここでも「公共的」といった人間の計量的機能的理解を、個的実存者の自立的想像力によって内側から切りひらくのである。

私たちは「都市」や「地域」あるいは「宇宙というメタボリックな全体」といったところへと、もはや一方的に逃げ込むわけにはいかない。そういったすべての逃走路にバリケードが築きあげられている。ともかく建築に直面し、それを想像力において内から吹き抜ける無数の作業もなしに、だれが一体「全体」や、国家権力の形骸としてでない真の〈都市〉を構想し、治療することができるといえるであろうか。

ともかく今私は建築に飢えている。しかもこの渇望がたしかなたった一つの手がかりなのである。

（一九六九年記）

[註]

1 『日本書記』日本古典全書　朝日新聞社

2 菊竹清訓・菊竹紀枝「スカイハウス」『建築文化』一九五七年十二月

3 註2に同じ

4 吉本隆明、「対幻想論」『共同幻想論』河出書房

5 註4に同じ

6 註2に同じ

7 菊竹清訓「柱は空間に場を与え床は空間を規定する」『建築』一九六三年九月

8 審査報告書「……空間が閉鎖的にすぎ、その造型としても異教的に感じられることに問題があった」

9 川添登「菊竹清訓の日本的性格」『建築』一九六三年九月

10 原広司「論理と虚構の建築」『新建築』一九六五年四月

11 宮内康「仮設空間との戦い」『デザイン批評』第三号　一九六七年六月

12 安田寛之「パブリック・ロビー論」『SD』一九六九年一月

13 菊竹清訓「目に見えないものの秩序」『建築』一九六五年十月

14 平良敬一「菊竹清訓の近作について」『SD』一九六九年一月

15 もちろんこの「虚妄の技法」を意識的に使うことはできる。しかしそれはキマジメな精神では不可能である。その意味で菊竹を「技術の笑い」を引き出し得る建築家と目している宮内康氏の考えにはやや無理がある。

16 『建築』一九六七年十一月　菊竹清訓「ある空間経験」が多少の手がかりになる。

17 註14に同じ

18 菊竹清訓「アーキナティクス」『建築』一九六九年一月

19 註18に同じ

20 註18に同じ

21 註9に同じ

あとがき——長谷川堯

建築と建築家を結ぶ目に見えぬ紐帯を探して

はせがわ・たかし　1937～

島根県生まれ。1960年早稲田大学第一文学部卒業。武蔵野美術大学造形学部教授。2008年3月、退職。

主な著作　『神殿か獄舎か』（相模書房、鹿島出版会・SD選書）、『建築——雌の視角』（相模書房）、『都市廻廊』（相模書房、中央公論社・中公文庫）、『建築の現在』（鹿島出版会・SD選書）、『建築有情』（中央公論社・中公新書）、『建築の生と死』（新建築社）、『生きものの建築学』（平凡社、講談社・講談社文庫）、『建築逍遥』（平凡社）、『ロンドン縦断』（丸善）、『田園住宅』（学芸出版社）、他。

受賞　『都市廻廊』に対して《毎日出版文化賞》、『建築有情』に対して《サントリー学芸賞》。一連の建築評論活動に対して、《日本建築学会業績賞》（1985）。

恩師、板垣鷹穂先生の強い薦めに従って、近代建築の巨匠、ル・コルビュジエとミース・ファン・デル・ローエを比較対照して論じた卒業論文を、『国際建築』誌の編集長小山正和氏のもとに持参。それがやがて「近代建築の空間性」と題して同誌で連載されたのが、一九六〇年、私がまだ二三歳の時であった。奇しくもというべきか、その連載が始まった号の巻頭を飾っていた建築作品は、建築家村野藤吾が設計した戦後和風建築の秀作、「都ホテル佳水園」であった。そして昨年、二〇〇七年六月、私は満七十歳の誕生日を迎えたが、二三歳の時を最初にして、その後かれこれ半世紀に近い時の流れの中で、東西の近代建築家や、彼らの建築作品に関する文章を、求められるままにひたすら書き続け、活字にしてきたことになる。

この間のちょうど三十年間、武蔵野美術大学の教員の一人として、学生や院生に教える機会を得たが、この仕事もこの三月、無事に定年退職の時を迎える。今回、大学が退職教員に提供する〈出版助成資金〉を一部に活用し、出版の申し出を受けた鹿島出版会を版元とし、私がこの間に書き溜めた文章の中から、日本近代を代表する建築家たちについての十六篇の建築家論考を選び出し、一部に書き下ろしを加え、ここに二冊の単行本にまとめて上梓する運びとなったことは、私自身非常に喜ばしいことである。

武蔵野美術大学、及び鹿島出版会への、私の心よりの謝意をここで表しておきたい。

その一冊が本書、『建築の出自』であり、もう一冊が『建築の多感』である。本書で取り上げた日本の近代建築史を飾る六人の建築家のほとんどの方々が、昭和戦前から戦後にかけて活躍された人たちであるが、その多彩な建築作品の背後に潜む、それぞれの〈出自〉といったものに注意を集中して書いた論考が多かったことから、あえてやや奇異ともいえるこのようなタイトルを選んで付けた。

冒頭に置いた前川國男氏に関する論考は、今回唯一書き下ろした部分であり、一九七〇年代初めから、私と前川氏の間で繰り広げた直接、間接のやりとりを、氏の没後二十年を契機として、当時を回想しつつ、氏の建築家としての真意はどこにあったかを、あらためて考えることを目指して書いた試論である。続く白井晟一氏に関する二編の文章の場合は、当時の『建築』誌の編集長宮嶋圀夫氏に紹介され、「白井自邸」についてのエッセイ（「呼びたてる〈父〉の城砦」）を書いたことが縁で、白井氏の知己を得、そこから氏の大部の『白井晟一の建築』に、初めてまとまった白井論（「青春と円熟」）を書く機会を与えられた。当時はまださほど知られていなかった、白井氏留学時のある女流文学者との交流についての記述が、一時話題になったこともあった。山口文象氏に関する論文は山口氏の最晩年に、山口氏が戦後創設した建築設計組織ＲＩＡが、氏の『建築家山口文象』を編んだ時に、編集サイドから、山口氏の半生の中で、建築家としてデビューする直前までの記述を、というささかきゅうくつな制約の中で書いた氏の浅草時代の青春追跡記である。山口氏のこの浅草時代が、彼をモダニストとして成功させる一つの素地となったといえるが、同時に彼を、日本建築の伝統的な表現をもデザインできる幅広い設計者に育てたことをも、明らかにしようとした。さらに佐藤秀三論では、和風建築をはじめとするすぐれた建築工務店の創設者としての佐藤氏の立場の他に、すでに戦前から、ヴァナキュラリズムとの強い関わりを感じさせる、すぐれた建築設計者であった佐藤氏のもう一つの側面を明らかにしたいという『住宅特集』大森晃彦編集長の意向のもとに筆をとった。浦辺鎮太郎論は、氏の十三回忌にあたって、浦辺太郎氏をはじめとするご子息たちが編まれた『浦辺鎮太郎作品集』に寄稿したものだが、浦辺氏を論ずるにあたって、忘れることのできない大原總一郎氏との深い交流と交錯の絵模様を、都市倉敷の上に浮かび上がらせたいと考えて書いた作家論である。最後の菊竹清訓氏に関するエッセイは、『新建築』の馬場璋造編集長の求めに応じて、恐らく私が最も早い時期に活字にした日本の近代建築家論の一つであり、かつてこの文章は先の「呼びたてる〈父〉の城砦」とともに拙著『神殿か獄舎か』のなかに収録していたが、今回の同書の再刊（SD選書）に収められなかったために、あらためて本書に採録することにしたものである。最近取壊し方針が撤回され、めでたく延命が決定した「都城市民会館」を中心に論じた、私にとっても忘れることのできない初期の論考である。

この『建築の出自』に登場していただいた六人の建築家たちに共通して指摘できる重要な点は、氏らが設計し実現した建築に、常に自分自身の存在（出自）を、なんらかの形で投影し、作品と作家の間を、目に見えない紐帯で結びつけようと、常に心を砕いていたところにあったように私には思える。もちろん建築は、様々な機能的要求や、工学的な限界や、経済的、法規的な制約をがんじがらめの状態に受けた構築物であり、絵画や彫刻といった純粋な表現媒体などとは自ずと異なる性格を持つものであることはいうまでもないが、しかしそこに建築家が存在し、彼らがスケッチや図面を通して、自分の意図する建築を実現しようと日々苦心を重ねている以上、間違いなく完成した建築は、表現芸術の一領域を占めるものとして、独自の力を発揮するものになるはずである。なぜか今日の日本の建築界では、そうした建築や建築家に特有の力について、真剣に議論することが少なくなって久しい気がする。本書が、そうした議論を、再び若い建築家や建築学生や建築に関心を持つ一般の人々の間に呼び覚ますための何らかの契機になれば、と私は今念じてやまない。

二〇〇八年三月

ミシュランの日本観光案内で三ツ星となったとよろこぶ

高尾山の春めいてきた麓の、「賎が伏屋」で。

著者

初出一覧（初出時タイトルおよび掲載誌）

論考――前川國男　書き下ろし　二〇〇七年九月
論考――白井晟一　「呼びたてる〈父〉の城砦」『建築』一九七二年
「青春と建築」『白井晟一の建築』中央公論社　一九七四年
論考――山口文象　「浅草文化の中で」『建築家山口文象』相模書房　一九八二年四月
論考――佐藤秀三　「カントリーをめざした建築家」『住宅特集』新建築社　一九九四年五月
論考――浦辺鎮太郎　「浦辺鎮太郎と建築」『浦辺鎮太郎作品集』新建築社　二〇〇三年六月
論考――菊竹清訓　「建築の〈降臨〉のゆくえ」『新建築』一九六九年七月号

写真提供

浦辺太郎―195　岡本茂男―161上下　菊竹建築設計事務所―236左・253　近代建築社―233　佐藤秀―175
白井晟一建築研究所―99・123・127　新建築社―198・227・258・262　二川幸夫―236右　前川建築設計事務所―7・19
村井修―101上下・121下・241　山口勝敏―139・145・167

建築の出自
長谷川堯 建築家論考集

発行 二〇〇八年四月三〇日 第一刷©
著者 長谷川堯
発行者 鹿島光一
発行所 鹿島出版会
〒一〇七—〇〇五二
東京都港区赤坂六—二—八
電話：〇三—五五七四—八六〇〇
振替：〇〇一六〇—二—一八〇八八三
制作 南風舎
印刷・製本 三美印刷

ISBN 978-4-306-04501-9 C1352
Printed in japan

本書の内容に関するご意見・ご感想は下記までお寄せください。
URL:http://www.kajima-publishing.co.jp
e-mail:info@kajima-publishing.co.jp